Rastreável

Rastreável

Redes, vírus, dados e tecnologias para proteger e vigiar a sociedade

2021

Ricardo Cappra

RASTREÁVEL
REDES, VÍRUS, DADOS E TECNOLOGIAS PARA PROTEGER E VIGIAR A SOCIEDADE

AUTOR: Ricardo Cappra

DIRETOR ALMEDINA BRASIL: Rodrigo Mentz
EDITOR DE CIÊNCIAS SOCIAIS E HUMANAS: Marco Pace
ASSISTENTES EDITORIAIS: Isabela Leite e Larissa Nogueira

REVISÃO: Sol Coelho e Isabela Leite
DIAGRAMAÇÃO: Almedina
DESIGN DE CAPA: Ane Schütz

ISBN: 978-65-87019-21-5
Setembro, 2021

Dados Internacionais de Catalogação na Publicação (CIP)
(Câmara Brasileira do Livro, SP, Brasil)

Cappra, Ricardo
Rastreável : redes, virus, dados e tecnologias para proteger e vigiar a sociedade / Ricardo Cappra. -- São Paulo : Actual, 2021.

ISBN 978-65-87019-21-5

1. Administração 2. Negócios 3. Proteção de dados 4. Tecnologia da informação I. Título.

21-71455 CDD-658.4

Índices para catálogo sistemático:

1. Tecnologias para proteger e vigiar a sociedade : Administração 658.4

Maria Alice Ferreira - Bibliotecária - CRB-8/7964

Este livro segue as regras do novo Acordo Ortográfico da Língua Portuguesa (1990).

EDITORA: Almedina Brasil
Rua José Maria Lisboa, 860, Conj.131 e 132, Jardim Paulista | 01423-001 São Paulo | Brasil
editora@almedina.com.br
www.almedina.com.br

I like to think
(it has to be!)
of a cybernetic ecology
where we are free of our labors
and joined back to nature,
returned to our mammal
brothers and sisters,
and all watched over
by machines of loving grace.

Trecho do poema
"*All watched over by machines of loving grace*",
de Richard Brautigan.

Amanda, Sônia, Rubi, Renata e Raquel, esse livro existe graças ao amor e apoio incondicional de vocês.

Amigos, colegas e parceiros do Instituto Cappra, vocês me desafiam diariamente a ser melhor naquilo que faço.

Minhas filhas Eduarda e Victoria, vocês me inspiram a imaginar um futuro melhor, mais justo, seguro e analítico.

Prefácio

Por Jose Borbolla Neto

O mundo está mudando. Sim, você já ouviu isso algumas vezes nos últimos anos. O livro que está em suas mãos, entre seus inúmeros predicados, vai te fazer revisitar esse clichê, apresentando o que é, talvez, uma das perspectivas mais importantes acerca do avanço tecnológico e seus efeitos. Até porque, de certa forma, o mundo sempre mudou. Desde os primórdios da nossa história, nossa relação com a tecnologia nos transformou e modificou radicalmente o universo que nos circundava. Entre tantas técnicas e ferramentas já inventadas por seres humanos, a comunicação ocupa uma posição absolutamente central. Importante lembrar, porque é ela quem protagoniza essa narrativa, ainda que dos bastidores. Seria impossível compreender a longa jornada do *Homo sapiens* sem considerar as mais diversas técnicas que nosso cérebro lançou mão para que pudéssemos nos conectar uns aos outros: contar histórias, dar vazão às nossas subjetividades e criar um universo ficcional cada vez mais complexo e cheio de camadas dentro do qual pudemos colaborar em larga escala e ocupar o planeta, como bem observou Harari. Ao mesmo tempo, como destacaram autores como Otto Rank e Ernest Becker, reinjetávamos sentido numa existência frágil: de um lado, um corpo mortal exposto a toda a sorte de perigos; do outro, um cérebro capaz de contemplar a infinitude do universo e ter, simultaneamente, consciência sobre sua própria finitude. Sempre que inventamos uma nova tecnologia de comunicação, nós nos reinventamos enquanto sujeitos históricos ao criarmos caminhos para que a informação circulasse, e, como consequência direta, transformamos radicalmente, ao longo do tempo, o tecido social.

Não, este livro não é sobre o passado da comunicação, ainda que ele navegue, com muita destreza, pela história do futuro das suas tecnologias.

Mas comecemos a conectar os pontos de algum lugar.

Se no século XVI, a prensa mecânica de tipos móveis contribuiu para mudanças profundas no mundo ocidental que acabaram por se espalhar pelos quatro cantos do globo, hoje testemunhamos algo similar com a internet. Impossível pensar na Reforma Protestante, no Iluminismo, na Revolução Francesa e em tantos outros eventos sem notar o amplo e complexo efeito que a tecnologia de comunicação mais avançada da época proporcionou. Hoje, em 2021, estamos em meio a um contexto deveras similar. Estamos testemunhando uma redefinição profunda de conceitos que nos pareciam "imutáveis", como autoridade e verdade. Na época de Martinho Lutero não foi diferente. Contudo, parece haver algo um tanto peculiar à nossa Era: a velocidade. E isso muda totalmente a natureza do desafio que se coloca à nossa frente.

Vivemos em um mundo hiperconectado e hiperdigitalizado, cuja externalidade principal são dados digitais. Este fenômeno já recebeu vários nomes, como *Explosão Informacional*, termo cunhado em 1964 que parece encontrar ecos no momento atual: produzimos, nos últimos 5 anos, mais informação, contabilizada em bytes, do que em todo o resto da nossa história desde a invenção da escrita. O que vimos se desenrolar em séculos no passado, hoje leva algumas poucas décadas para tomar corpo e impactar diretamente o nosso dia a dia. E é aqui que repousa um dos argumentos centrais desta obra de importância singular: nossas habilidades para respondermos e nos adaptarmos a estas mudanças não acompanharam o passo acelerado da tecnologia. E é justamente nesta interseção, ou melhor, neste descompasso crescente entre ambos, que se encontram algumas das questões mais fundamentais desta era.

Mas calma. Antes de chegarmos nelas, precisamos acrescentar um último ingrediente neste complexo contexto que nos circunda no início da terceira década do século XXI, quais sejam a hegemonia de um pensamento economicista, mecanicista, segundo o qual uma determinada noção de eficiência combinada com uma concepção de gestão racional seriam suficientes para endereçar todos os grandes problemas da humanidade; e, de outro lado, uma definição muito estreita e peculiar de individualismo e liberdade. É sobre este pano de fundo que Ricardo Cappra costura sua eloquente narrativa quando nos provoca a repensar nossos conceitos éticos e morais a partir de uma questão que permeia quase todas estas próximas páginas: temos à disposição um conjunto de tecnologias poderoso, mas o que faremos com todo este poder?

Inteligência Artificial, *Big Data*, *Machine Learning*, *Analytics*. Todas elas palavras protagonistas no dialeto atual, mas que ainda vivem o início da sua adolescência. Não obstante, já transformaram profundamente nosso comportamento, nosso cérebro, nossas relações e praticamente tudo o que alguém que cresceu nos anos 1990, como este que vos escreve e o ilustre autor deste livro, chamaríamos de "normal". É inegável que o potencial e a amplitude deste conjunto de técnicas e aplicações é imensurável. É também evidente que o poder computacional atual é incomparável ao que estava disponível até pouco tempo. E não há grandes sinais de arrefecimento. Todavia, mais relevante do que os atributos técnicos destas novas tecnologias, a partir dos quais costumamos tecer toda uma previsão otimista do que está por vir, é crucial manter em mente que seu poder quase sobrenatural é diretamente proporcional à magnitude dos desafios que nós, enquanto sociedade, precisamos endereçar: como vamos utilizá-las? Onde, como e em quais contextos devemos aplicá-las?

A pandemia vem para aquecer este complexo caldo de elementos interconectados e interdependentes. Num momento em que o isolamento social se mostra como principal recurso para frear o espalhamento do vírus, como não combinar todos estes avanços e usar a tecnologia de ponta para tomar decisões mais assertivas e eficientes? Com aplicativos e dados de internet e de dispositivos móveis, acoplados à uma testagem ampla e frequente da população, é tecnicamente possível criar uma solução que nos permita isolar e monitorar áreas consideradas "mais transmissoras". Esse mesmo racional pode ser expandido para outras áreas da nossa vida, como a segurança pública, por exemplo. Nossas polícias sofrem de uma série de problemas estruturais e não têm capacidade de estarem presentes em todos os pontos da cidade ao mesmo tempo. Mas câmeras de segurança resolvem este obstáculo com bastante facilidade. Sim, estamos caminhando na direção de um mundo amplamente controlado por algoritmos, ou, como preferem alguns autores, para uma realidade de vigilância total. Estes altíssimos níveis de controle e gestão, que num primeiro momento parecem a "bala de prata" capaz de resolver nossos principais problemas estruturais e históricos, e que de fato nos ajudam a endereçar algumas questões, acabam por cobrar um preço alto — às vezes alto até demais, na medida em que desconstrói e desmonta, de maneira radical e irreversível, aspectos tão caros para a nossa sociedade, como liberdade e privacidade. Nada soaria mais atual, se não fosse o fato de que este dilema irreconciliável entre controle e liberdade ser algo que nos acompanha desde tempos longínquos.

Ora, de uma certa forma a tecnologia já vem ocupando esse lugar de controle na sociedade. Já aplicamos, a título de ilustração, em sistemas denominados como "polícia preditiva", um conjunto poderoso de tecnologias que processam oceanos de dados que produzimos diariamente, misturam com histórico de ocorrências de uma determinada cidade e se propõem, sem falta modéstia, a prever onde e quando vai ocorrer o próximo ato de ilicitude. Sim, isso já faz parte da nossa vida diária, ainda que você, pessoalmente, possa não ter sido reconhecido por uma câmera de segurança em alguma grande cidade brasileira.

Estamos testemunhando um evento histórico relativamente raro, qual seja o redesenho de conceitos que estão nos pilares fundamentais da nossa sociedade. A ideia da liberdade individual, do sujeito racional que existe em uma "dimensão privativa" dentro da qual poderia, ao menos em tese, exercer plenamente sua liberdade sem deliberação ou influência de instituições públicas ou privadas, talvez já tenha deixado de existir na prática. Daí a importância absolutamente central de nos conscientizarmos da nossa responsabilidade de participar ativa e criticamente na confecção destas novas definições (ao invés de deixar isso nas mãos de poucas, porém poderosas, empresas).

Todo nosso arcabouço de valores éticos e morais precisa voltar para a mesa de discussão, uma vez que, com ou sem a nossa ciência, anuência e participação, eles já estão sendo redefinidos por alguns poucos personagens. Encarar os problemas da sociedade como majoritariamente técnicos e aplicar essas tecnologias de modo acrítico, da mesma maneira que fizemos quando os robôs tomaram o lugar dos humanos nas linhas de montagem há meio século, vai resolvê-los? Ou será que se mostra, ao mesmo tempo, fundamental e imprescindível redesenharmos nossos conceitos e valores fundamentais de modo a incorporar o melhor que essas novas tecnologias podem oferecer, ao mesmo tempo em que mitigamos seus enormes riscos? Em outras palavras, seria possível construir uma sociedade melhor a partir de um uso crítico e consciente destas técnicas?

Dividido em quatro momentos, com uma linguagem acessível e sem preciosismos técnicos, este livro desvela um caminho repleto de perguntas e respostas que não se esgotam em si mesmas. Trata-se de um convite a pensar criticamente sobre o futuro que está sendo semeado agora. Com a palavra, Ricardo Cappra.

Sumário

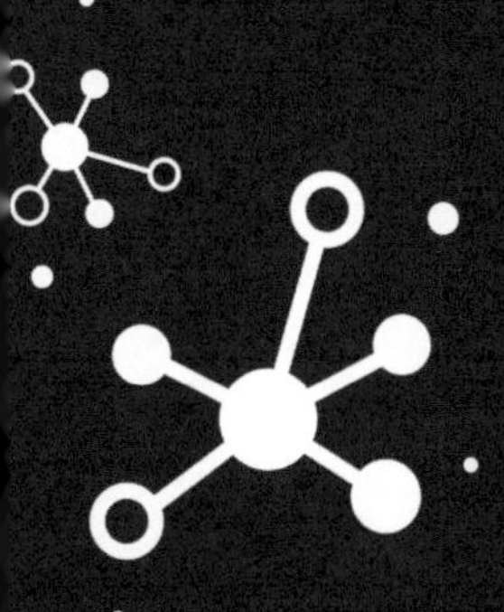

A REDE AMEAÇADA

Como funciona uma rede

- Em função do surgimento e espalhamento, em meados de 2019, de um vírus biológico, foi declarado estado de pandemia global;
- As defesas da humanidade falharam. A forma de funcionamento das diversas redes interdependentes que formam a comunidade global permitiu o rápido espalhamento do vírus;
- Se estamos interconectados, em *rede*, a melhor forma de lidar com um vírus biológico é adotar a mesma linha de pensamento utilizada por analistas ao lidar com dados de uma rede informacional. O conhecimento e a tecnologia estão à disposição.

AMEAÇA SOCIAL

Os sistemas de proteção da sociedade falharam, fomos atacados por um vírus e as redes se transformaram.

Enquanto escrevo esse texto, a humanidade luta contra uma pandemia. É julho de 2020 e um vírus da família SARS tira vidas ao redor do mundo: até o momento já são mais de 15,2 milhões de infectados com o coronavírus e 624.698 mortos em decorrência da covid-19.[1]

Até agora, uma parte da sociedade se sentia segura e mesmo inatingível por uma ameaça global. Com tecnologia de ponta, infraestrutura avançada, acesso a serviços de saúde caríssimos, parecia que nada que comprometesse o sistema social poderia afetar a todos. Mas o surgimento de um vírus biológico comprometeu todo o funcionamento do mundo e os sistemas de proteção da humanidade falharam, fossem eles relacionados à saúde, à infraestrutura, à economia, às interações sociais. Tudo foi bruscamente interrompido.

Pela primeira vez, um vírus foi monitorado e analisado em tempo real, enquanto o contágio ocorria de forma acelerada

---

[1] "Coronavirus world map: tracking the global outbreak". *The New York*. Disponível em: <https://www.nytimes.com/interactive/2020/world/coronavirus-maps.html>. Acesso em: 16 de maio de 2021.

no mundo. Os dados do vírus eram coletados na ânsia de encontrar uma solução rápida para esse problema, por exemplo algum medicamento ou vacina que pudesse ser imediatamente utilizado no tratamento — infelizmente, isso levou muito tempo para acontecer. Com a demora das ciências médicas para encontrar uma alternativa para sanar a rápida evolução do vírus, governantes de todas as partes do mundo tentaram conter o avanço da doença através de medidas restritivas sociais. Essas medidas tinham o objetivo de preparar os sistemas de saúde para suportar o volume de pessoas que precisariam de hospitalização ao redor do mundo, evitando a superlotação de hospitais. Luta quase em vão, já que profissionais de saúde constantemente eram flagrados com marcas de máscaras em seus rostos após jornadas de atendimento a pacientes afetados pelo coronavírus que chegavam a 48 horas ininterruptas.

Até agora, algo assim só existia em nossa imaginação ou em obras de ficção científica. Um vírus mortal sendo tratado através de medidas restritivas sociais soava apenas como uma distopia — até o começo de 2020.

Mas esta obra não tem como objetivo único investigar como chegamos a um estado de pandemia. Mais do que isso, é também nosso objetivo pensar em estratégias que nos preparem para situações semelhantes no futuro. Precisamos aprender a nos organizar para enfrentar uma próxima ameaça nesta escala.

O Covid-19 não é um vírus com uma taxa de mortalidade[2] tão elevada quando comparado com outros que a humanidade já enfrentou durante sua história. A forma de proliferação

---

[2] RITCHIE, Hannah *et al.* "Mortality risk of COVID-19". *Our World in Data.* Disponível em: <https://ourworldindata.org/mortality-risk-covid>. Acesso em 16 de maio de 2021.

do vírus é o grande agravante nessa pandemia. É uma doença sistêmica, com uma capacidade de proliferação altíssima.[3] Dessa forma, aqueles expostos ao vírus com algum tipo de fragilidade ou condição de saúde preexistente correm sérios riscos de um agravamento ou mesmo morte em razão do contágio. A doença causada por esse vírus ataca principalmente o sistema respiratório e a transmissão ocorre como uma gripe, através do contato com pessoas que já foram previamente expostas ao vírus. Ao investigar profundamente o Covid-19, também se descobriu sua alta taxa de permanência e infecção através do ar[4], e essa foi uma das razões que motivou alguns líderes ao redor do mundo a criarem regras sociais para evitar o contágio através de contato físico entre os seres humanos. Ainda não sabemos o que virá pela frente; já se fala que o próximo vírus pode ser ainda mais mortal, com um contágio ainda mais acelerado.[5] Por isso, é necessário utilizarmos outras armas no enfrentamento dessa ameaça.

É fato que essa pandemia é resultado de um vírus com características de transmissão social, ainda sem cura, que se espalhou pelo mundo em alta velocidade. Mas como isso foi

---

[3] Havard Health Publishing. If you've been exposed to the coronavirus. 28 de abril de 2020. Disponível em: <https://www.health.harvard.edu/diseases-and-conditions/if-youve-been-exposed-to-the-coronavirus>. Acesso em 16 de maio de 2021.

[4] Harvard T.H. Chan. Scientists warn about airborne coronavirus infection. Disponível em: <https://www.hsph.harvard.edu/news/hsph-in-the-news/scientists-warn-about-airborne-coronavirus-infection/>. Acesso em 16 de maio de 2021.

[5] WINGFIELD-HAYES, Rupert. "Coronavírus: com poucos testes e sem lockdown, qual o mistério por trás da baixa mortalidade no Japão". *BBC News Brasil*. 6 de julho de 2020. Disponível em: <https://www.bbc.com/portuguese/internacional-53298998>. Acesso em 16 de maio de 2021.

acontecer? Poderíamos culpar os cientistas que não previram esse vírus, os governantes que não tomaram decisões adequadas para defender seus povos, os líderes globais que não souberam lidar com um vírus dessa proporção, mas a verdade é que a "culpa" é do próprio funcionamento das *redes*.

Eu lidero um laboratório de ciência de dados, o *Cappra Institute for Data Science*. Desde o início da pandemia, uma parte da equipe dedicou-se a investigar o que os dados mostravam, em tempo real, sobre o impacto do espalhamento do coronavírus: criamos um "laboratório aberto" onde publicávamos as análises e descobertas da equipe de pesquisadores.[6] Como nossa missão no instituto é promover a cultura analítica usando a Ciência de dados, foi esta a forma que encontramos de contribuir cientificamente em um momento tão complicado para a humanidade.

Após investigar profundamente esse tema junto com meu time, observei que o padrão de propagação desse vírus tinha as mesmas características de algo que estudei por muitos anos de minha vida. Desde o início da minha vida profissional convivo com tecnologia da informação. Vivenciei a chegada dos computadores pessoais, da internet, das redes e de todos os desdobramentos tecnológicos que foram resultado da *Era da Informação*.[7] Mas sempre gostei mais da parte analítica relacionada à tecnologia da informação, ou seja, à possibilidade de extrair informações dos dados.

---

[6] Cappra Institute for Data Science. Covid-19 Data Science highlights. Disponível em: <https://www.cappra.co/lab-covid>. Acesso em 16 de maio de 2021.

[7] CASTELLS, Manuel. *The information age: economy, society and culture*. Oxford: Wiley-Blackwell, 1996.

Existem muitos segredos escondidos nos dados disponíveis no mundo. A Economia *Big Data*[8] trouxe muitas possibilidades analíticas para o mundo atual, e hoje isso pode ser explorado graças aos recursos tecnológicos disponíveis e a técnicas cada vez mais avançadas para análise de dados. Como conhecedor desses recursos e técnicas, percebi que o padrão de espalhamento do coronavírus tem comportamento similar ao de um vírus de computador.[9]

Um vírus de computador se espalha através de conexões; eles são chamados de *malware (malicious software)*, ou seja, um *software* malicioso que geralmente se instala sem o conhecimento do proprietário através de alguma falha de segurança do computador, danificando o sistema. A principal forma de propagação do *malware* é através de redes de computadores, onde os sistemas que não possuem proteção estão mais expostos a algum tipo infecção maliciosa, o que geralmente resulta em perda de informações, roubo de dados, entre outros possíveis crimes analíticos.[10] O coronavírus é um vírus biológico, mas se propaga através das redes. Nesse caso, as redes correspondem às formas de conexão social — geralmente cara a cara — que ocorrem entre os seres humanos.

---

[8] CALEIRO, João Pedro. "O big data invadiu a economia. Isso é bom?". *Exame*. 24 de novembro de 2011. Disponível em: <https://exame.com/economia/o-big-data-invadiu-a-economia-isso-e-bom/>. Acesso em 16 de maio de 2021.

[9] NORTON. O que é um virus de computador. Disponível em: <https://br.norton.com/internetsecurity-malware-what-is-a-computer-virus.html>. Acesso em 16 de maio de 2021.

[10] CAPPRA, Ricardo. "Data thinking 2020". 20 de janeiro de 2020. Disponível em: <https://cappra.com.br/2020/01/20/data-thinking-2020/>. Acesso em 16 de maio de 2021.

Nos acostumamos a chamar as plataformas digitais que promovem a conexão e as interações entre as pessoas — como o Facebook — de redes sociais. O conceito de *rede*, no entanto, não surgiu junto com a internet, mas muito antes. No livro *A Praça e a Torre*, o historiador Niall Ferguson[11] explora a história evolutiva das redes desde os primórdios da sociedade. Ele explica que "os vírus biológicos e de computador tipicamente realizam uma busca de transmissão pela rede, já que têm como objetivo se espalhar ao máximo possível, visando cada vizinho de cada nódulo que infectam". Já Duncan Watts[12], o pesquisador de teoria de redes e autor do livro *Seis graus de separação*, escreveu que "a chave para estimar a probabilidade de uma cascata semelhante a um contágio está em não se concentrar no estímulo em si, mas na estrutura da rede que o estímulo atinge". As falas desses dois autores nos levam à conclusão de que o principal problema em relação à disseminação do Covid-19 é que ele atacou a fragilidade do nosso sistema social. O fato de ele funcionar em forma de redes totalmente conectadas tornou-se um vetor na propagação do vírus. Provavelmente não teríamos um sistema social ativo não fossem essas conexões, ou seja, a rede é um mecanismo necessário para a vida em sociedade. A arquitetura da rede, muitas vezes construída de forma não planejada, é a propriedade constitutiva mais básica de um sistema social. No entanto, nossas redes não

---

[11] ANTHONY, Andrew. "The square and the tower by Niall Ferguson review – a restless tour through power". *The Guardian*. 24 de setembro de 2017. Disponível em: <https://www.theguardian.com/books/2017/sep/24/niall-ferguson-square-and-tower-networks-hierarchies-review>. Acesso em 16 de maio de 2021.

[12] WATTS, Duncan J. *Six degrees: The science of a connected age*. W. W. Norton & Company, 2003.

estavam devidamente protegidas. Não existia um antivírus ativo para esse tipo de ameaça.

Nunca foi exigida uma reclusão social em tal proporção: crianças foram impedidas de ir para escolas, pais e mães precisaram trabalhar de suas casas, avós precisaram ficar totalmente isolados em razão de fazerem parte de um grupo mais suscetível. Aquilo que sempre nos aproximou, as relações sociais, que aconteciam principalmente por meio de convívio e conexão física, foi totalmente interrompido. Nos tornamos uma rede frágil por conta da ação de um vírus novo, avassalador, que atacou o mecanismo de funcionamento de nossas redes sociais. Como veremos mais à frente, uma rede ameaçada pode se modificar rapidamente e adaptar-se ao novo ambiente, mas a fragilidade do sistema social ameaça sua capacidade de reconfiguração. Nesse processo, vidas que deveriam ser protegidas acabam ameaçadas.

Uma rede frágil, quando atacada, desestrutura-se. Os nós das redes — que são as pessoas em relação no mundo — mudarão a forma como se relacionam daqui para frente, e isso vai alterar a forma de funcionamento do sistema social como um todo — incluindo a forma como fazemos negócios e a concepção de mundo e de vida da próxima geração que habitará o planeta. A rede é um mecanismo vivo, que organicamente se movimenta e transforma o sistema social ao seu redor. Conforme ela é afetada ou ameaçada, transforma-se para garantir a sua própria sobrevivência.

Nesta obra, faremos uma abordagem analítica, que pretende investigar o impacto que um vírus biológico gerou na rede e nos levará a refletir sobre a nova formação social que se avizinha graças à reconfiguração da rede. Portanto, evitarei a linguagem técnica, o jargão científico. Sem dúvida, a pandemia impactará as novas gerações, a política, as relações internacionais, os relacionamentos pessoais e como as organizações fazem negócios. A forma de funcionamento do mundo e as conexões das redes foram modificadas durante a disseminação da covid-19. Assim como outros momentos graves da humanidade, este também vai modificar a forma estrutural de funcionamento das redes daqui para frente. Até agora construídas de forma orgânica, elas passarão a ser monitoradas para evitar novos desastres sociais no futuro, e essas ações funcionarão de forma sistematizada, ou seja, de forma planejada e controlada. O mundo verá governos administrando as redes com o argumento de que estão criando ambientes mais seguros para a população através de sistemas antivírus que monitoram a circulação social, protegendo-os assim de uma eventual pandemia na escala da que estamos vivendo. Neste exato momento, os governantes já assumiram o controle social através de regras restritivas para a população, e isto é só um início de uma reconfiguração forçada do funcionamento de nossas redes sociais. A rede frágil foi atacada, e ela não está se reconfigurando de uma forma natural, mas através de gestão centralizada, sistêmica e, em alguns casos, obscura.

VÍRUS NO SISTEMA

A modificação na estrutura da rede altera todo o funcionamento do sistema social interconectado.

Um sistema social é um emaranhado de redes interconectadas com fluxo constante de troca de informações. A rede se mantém ativa enquanto as entidades trocam informações entre si, o que nos permite tratar como entidades os indivíduos e as organizações que estão conectados. Quanto mais informação circula em rede, mais fortes são os laços entre as entidades.

Imagine uma linha de metrô, conectada, com paradas fixas e que mantém um fluxo constante, como a famosa rede *Underground* de transporte de Londres, que integra toda a região central da cidade e é conhecida como *The Tube* (figura 1). Cada estação é um ponto de conexão (são atualmente 270 estações) e cada trecho é uma linha de integração dessa rede (cerca de 400km de trilhos). Em 2008, essas linhas já transportavam mais de 1 bilhão de passageiros por ano.[13]

---

[13] The London underground. Disponível em: <https://tfl.gov.uk/maps/track/tube>. Acesso em 16 de maio de 2021.

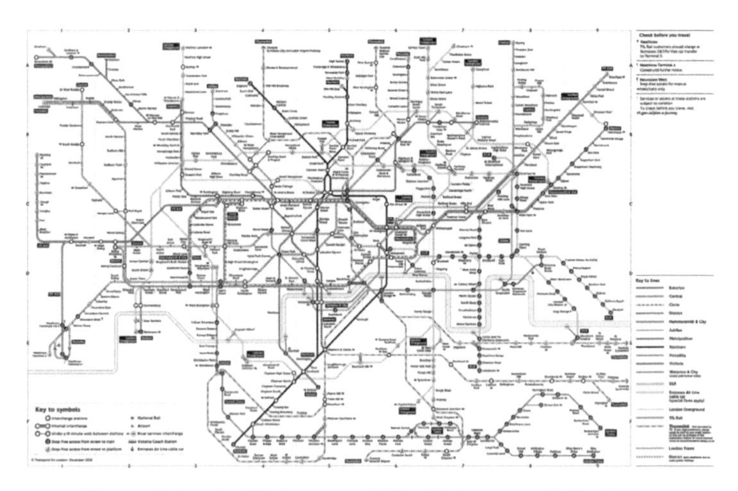

Figura 1. London Underground, The Underground, The Tube.

Todos os dias, essa rede gera uma massa de dados sobre vários fatores: número de passageiros transportados, situações mecânicas do metrô, informações sobre os trilhos, dados das estações, entre outras informações que são disponibilizadas pelo governo local em um banco de dados aberto, seguindo leis de transparência.[14] Todos esses dados permitem uma profunda análise ativa da rede.

O site *Cloudnetworks* publicou[15] algumas descobertas sobre os hábitos dos passageiros que se conectavam ao *wifi* do metrô de Londres. Esse tipo de análise permite entender o comportamento da rede de transporte com base no fluxo dos passageiros

---

[14] Transport for London. London Underground Performance Reports. Disponível em: <https://data.london.gov.uk/dataset/london-underground-performance-reports>. Acesso em 16 de maio de 2021.

[15] HERE'S WHAT TRANSPORT FOR LONDON LEARNED FROM TRACKING YOUR PHONE ON THE TUBE. Disponível em: <http://www.cloudnetworks.nl/?p=354>. Acesso em: 8 de junho de 2021.

e investigar a circulação nas áreas das estações, como pode ser visto nesse infográfico da estação Victoria (figura 2).

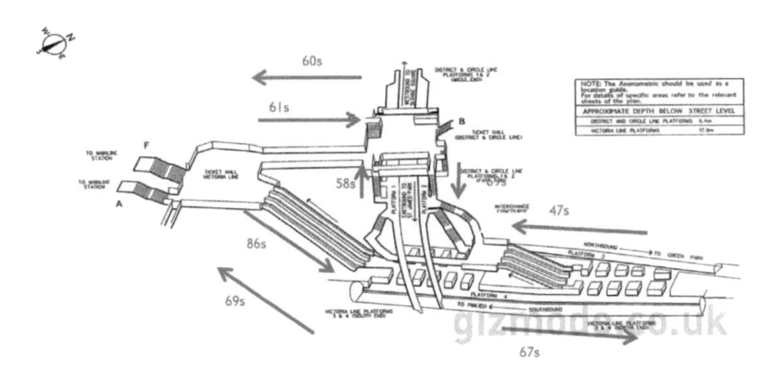

Figura 2. Análise de circulação na área interna das estações do The Tube, revelada pelo site Cloudnetworks. Através da coleta de dados de passageiros que utilizaram o serviço de wifi foi possível calcular o tempo gasto em cada uma das áreas da estação Victoria.

A partir dessas informações, os serviços para os passageiros desse transporte podem ser otimizados, utilizando como base as análises de comportamento da rede. É interessante ressaltar que o *Transport for London* coleta esses dados informando os passageiros através de mensagens em locais visíveis. Esses dados são usados para definir a priorização dos investimentos e para entregar melhores serviços para os passageiros.

Esse tipo de tratamento do comportamento de redes gera muitos tipos de dados, o que aumenta também as possibilidades de análise. A partir desse tipo de informação qualificada é possível detectar anomalias comportamentais da rede e até evitar possíveis problemas na utilização desses serviços.

Agora, suponha que esse sistema seja atacado por um vírus de computador. Um vírus que invada essa rede poderia coletar dados privados de usuários, monitorar a circulação dos indivíduos e mesmo aplicar golpes, já que possui todas as informações referentes às conexões e destinos dos passageiros. Ele afetaria o sistema completamente. Poderia, por exemplo, enviar passageiros para destinos diferentes dos esperados apenas com uma modificação de informação no aplicativo. Um vírus de computador espalhado por essa rede é altamente contagioso, já que se espalha por todos que se conectam no sistema de transporte para buscar informações, ameaçando assim a privacidade individual e colocando em risco as pessoas.

Em 2020, esse sistema de transporte foi afetado por um vírus biológico que se propagou através da circulação das pessoas — e isso alterou todo o sistema social. A partir do impacto no fluxo dos indivíduos, modificou-se a utilização do serviço de transporte o que consequentemente afetou a mobilidade dentro da cidade. Ou seja, o comportamento atípico do sistema social refletiu diretamente na mobilidade urbana, afetando diretamente toda a rede de transporte. Nesse caso, o vírus biológico foi responsável por abalar o funcionamento da rede como um todo, afetando o comportamento das pessoas que utilizam o serviço, alterando o funcionamento do transporte e modificando o ecossistema da cidade. As interligações dessa rede podem ainda afetar vários outros sistemas relacionados, como economia, saúde, segurança, entre tantos outros que estão diretamente ligados ao ecossistema.

Um vírus no sistema social tem o potencial de alterar o funcionamento da infraestrutura inteira de transporte, impactando o funcionamento da cidade, do país e, em última medida, do *mundo*. É uma cadeia de acontecimentos que influenciará todos os elementos interconectados, direta ou indiretamente. Um vírus, quando inserido em um sistema social, altera todo o ambiente ao seu redor. Durante a pandemia da covid-19, foram detectadas mudanças inclusive no cenário natural: graças à baixa circulação de turistas, os famosos canais de Veneza[16] foram invadidos por uma água cristalina, límpida, como há muito não se via. Certamente uma consequência da diminuição do despejo de dejetos produzidos pela massa de turistas que circulava pela cidade todos os dias.

---

[16] GUY, Jack, DI DONATO, Valentina. "Veneza volta a ter águas cristalinas após ser isolada para conter coronavirus". *CNN Brasil*. 18 de março de 2020. Disponível em: <https://www.cnnbrasil.com.br/internacional/2020/03/18/veneza-volta-a-ter-aguas-cristalinas-apos-ser-isolada-para-conter-coronavirus>. Acesso em 16 de maio de 2021.

SISTEMAS FRÁGEIS

A fragilidade de uma rede baseada em conexões sociais.

Em *World Order*, Henry Kissinger escreve que as estruturas de rede determinam a velocidade e extensão de um contágio. Isso significa que um vírus biológico com característica de transferência entre seres humanos poderá ser potencializado conforme o sistema social onde ele estiver "instalado". A instalação de um vírus, seja ela intencional ou não, ocorre no ponto frágil do sistema no qual ele se hospeda. Quando pensamos em um sistema social fragilizado, o contágio e espalhamento de um vírus pode ser um verdadeiro desastre.

Obviamente, um cenário desastroso desse tipo não se forma somente por conta da ação de um vírus, mas também pela ação de forças políticas, econômicas, guerras ou qualquer outro fenômeno que de alguma forma gere um impacto significativo a ponto de modificar o funcionamento da rede. Todas as redes ao longo dos tempos sofrem modificações orgânicas. A mudança de uma família para uma cidade diferente altera as redes locais, fazendo com que as vidas das pessoas em torno sejam alteradas de alguma forma. Um movimento em um nó da rede altera seu funcionamento. Geralmente, essas mudanças não geram alterações no funcionamento da rede, somente nas conexões entre as pessoas, diferente de modificações na forma de funcionamento do sistema, como guerras, alterações políticas significativas ou uma pandemia.

O vírus que nos afetou em 2020, dando início à pandemia da covid-19, atacou diretamente uma característica fundamental do sistema de redes: as relações sociais. Uma rede é sustentada por interseções entre suas entidades. Quando um vírus se instala, ele utiliza como fonte principal de propagação o contato e a proximidade entre os indivíduos, atingindo todo o sistema. A sociedade foi subitamente impactada por restrições no contato social, o que inclui o contato físico e a circulação entre espaços. Essa restrição da circulação foi uma medida adotada por indivíduos da rede, voluntariamente ou não, para travar a rápida disseminação do vírus e reduzir o impacto da doença nos sistemas hospitalares.

Sistemas sociais são frágeis em sua concepção, e isso os mantêm em constante adaptação na forma de funcionamento das redes. No entanto, eles não são preparados para rupturas bruscas — ainda mais no caso da rede social humana, que é composta basicamente por relações entre os indivíduos. Durante a pandemia, o vírus atacou rapidamente a rede inteira utilizando como principal recurso um mundo totalmente conectado.

O Covid-19 utilizou o transporte aéreo para se espalhar, atacando assim uma rede que é completamente integrada. O pesquisador Martin Grandjean construiu uma visualização, em 2016, mostrando como o mundo se integra, ou como a rede se forma, graças ao sistema aéreo atual.[17] O mapa (figura 3)

---

[17] GRANDJEAN, Martin. "Connected world: Untangling the air traffic network". 26 de maio de 2016. Disponível em: <http://www.martingrandjean.ch/connected-world-air-traffic-network/>. Acesso em 16 de maio de 2021.

mostra 3.200 aeroportos que conectam 60.000 rotas de viagem. Naturalmente, essa rede é um fator potencializador de contágio por conta justamente dessas conexões. Em *A Grande Gripe*, John M. Barry[18] detalha a disseminação da gripe espanhola de 1918 apontando as rotas marítimas e ferroviárias como um dos principais canais de transmissão do vírus. Nesse caso, quando comparado ao que vivemos hoje, o tempo de deslocamento do vírus e o número de conexões era reduzido. Mesmo assim, acredita-se que a gripe espanhola tenha custado a vida de cerca de 50 milhões de pessoas.

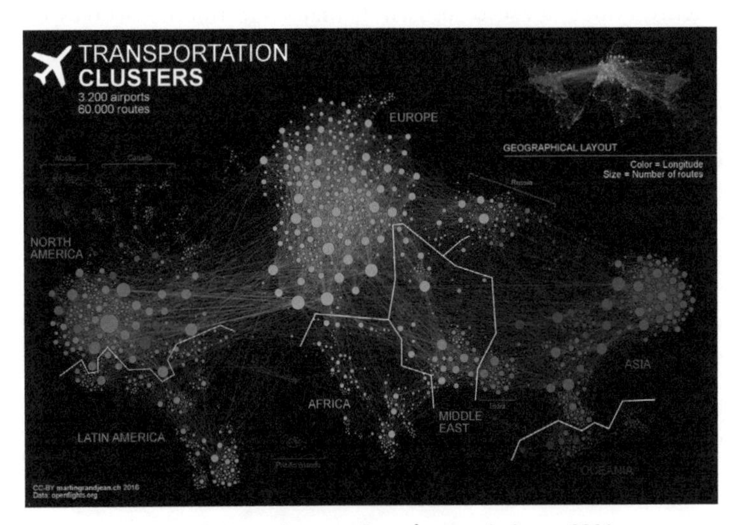

Figura 3. Mapa de conexões aéreas criado em 2016 por Martin Grandjean.

[18] BARRY, John M. *A Grande Gripe. A história da gripe espanhola, a pandemia mais mortal de todos os tempos*. Intrínseca, 2020.

Os vírus de computadores, quando atacam um computador isolado da rede, têm seu efeito anulado pela impossibilidade de propagação. Já um *malware* bem planejado rastreia os principais conectores de redes e infecta esses sistemas para que o ataque seja rápido e efetivo. Hackers projetam e monitoram, por longos períodos, os "agentes de transmissão exponencial", que são aqueles vírus com potencial de afetar um número maior de computadores.

O vírus biológico que invadiu nossas vidas em 2020 não foi projetado por um agente específico, mas ele encontrou uma falha no sistema social. Esse vírus infectou uma rede globalmente conectada e se espalhou majoritariamente através de viajantes que o carregavam em seus corpos, o que possibilitou a criação de uma cadeia de transmissão através de redes sociais como família, os ambientes de trabalho, entre outras que têm como pressuposto a interação por contato físico.

Nos anos 1960, Paul Baran[19] foi contratado para criar um sistema de comunicação que não fosse frágil e pudesse sobreviver a um ataque nuclear. Ele analisou o funcionamento das redes e descobriu a vulnerabilidade topológica dos sistemas existentes naquela época. A partir disso, propôs um modelo que pudesse sobreviver a um ataque devastador (figura 4). Ele estava analisando redes de comunicação, mas as formas de conexões de redes sociais, baseadas em interações físicas, possuem as mesmas características de funcionamento.

---

[19] BARAN, Paul. "On distributed communications: Introduction to distributed communications networks". *RAND Corporation*. Disponível em: <https://www.rand.org/pubs/research_memoranda/RM3420.html>. Acesso em 16 de maio de 2021.

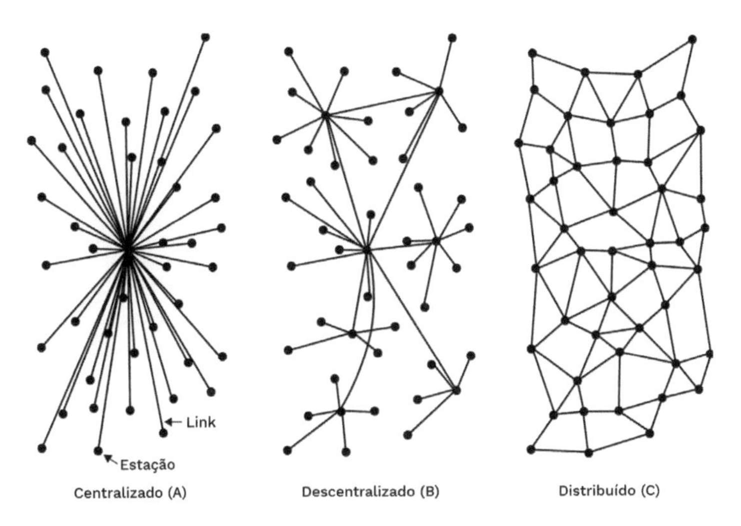

Figura 4. Estruturas de conexões criadas por Paul Baran.

Já que uma comunicação distribuída reduz a chance de interrupções, o que Paul Baran propôs como um modelo ideal na década de 1960 (conforme a última figura, C, sugere) pode ser considerado um poderoso mecanismo de circulação para um vírus: em uma rede distribuída, eles passam a ser altamente contagiosos, e sua contenção passa a depender fundamentalmente da identificação dos agentes transmissores. Já em uma rede descentralizada (figura B), mais parecida com o funcionamento da sociedade hoje, depende-se de um transmissor se conectar a outro ponto da rede. Ou seja, o caminho é mais distante. Por esse motivo, o isolamento social foi a medida mais adotada no mundo durante a pandemia da covid-19: interromper o ciclo de disseminação nas redes pode reduzir imediatamente o impacto em um sistema frágil.

Mas a redução de circulação de pessoas exigiria um redimensionamento completo do sistema social. Voltamos ao exemplo do *Transport for London* para exemplificar que, através de modelos matemáticos avançados, é possível identificar os melhores horários em que a circulação de indivíduos poderia ser reduzida, otimizando assim o transporte público. Um grupo de pesquisadores estudou, em 2019, formas de melhorar o transporte no *The Tube* utilizando técnicas de *big data* e *deep learning.*[20] Com o uso de modelos preditivos, eles conseguiriam antecipar o comportamento do sistema social. No entanto, os pesquisadores chegaram à conclusão que, para otimizar o processo, seria necessário uma reconfiguração completa que iria além da infraestrutura de transporte; também seria necessário reconfigurar o sistema social dos indivíduos que utilizam esse transporte. Por exemplo, a otimização do transporte dependeria de rodízios de jornadas de trabalho, flexibilidade para o trabalho remoto, entre outros aspectos das vidas dos indivíduos, ou seja, interferir na rede de transporte vai exigir também modificar as redes das empresas que empregam esses indivíduos. A teia envolvida é tão complexa que deixa o sistema inteiro frágil, principalmente em uma situação emergencial como uma pandemia. Essa fragilidade é uma característica necessária para a adaptação e evolução de qualquer sistema, como veremos mais à frente, mas ela gera instabilidade assim que uma modificação brusca ocorre.

É possível reduzir o impacto em um sistema frágil. Através do monitoramento e individualização dos elementos que movimentam a rede é possível construir uma visão analítica

---

[20] AQIB, Muhammad *et al.* "Rapid transit systems: smarter urban planning using Big Data, In-Memory Computing, Deep Learning, and GPUs". *MDPI.* Disponível em: <https://www.researchgate.net/publication/333099357_Rapid_Transit_Systems_Smarter_Urban_Planning_Using_Big_Data_In-Memory_Computing_Deep_Learning_and_GPUs/link/5cdb815ba6fdccc9ddae485f/download>. Acesso em 16 de maio de 2021.

de seu comportamento, com aplicação de modelos descritivos para entender todos os fatores envolvidos e modelos preditivos para antecipar o impacto que eventuais alterações podem ter na rede como um todo. Ou seja, o uso de métodos analíticos pode ser utilizado como instrumento para proteção da sociedade quando o sistema sofre um ataque.

IMPACTO VIRAL

Como funciona um vírus

- Quando um sistema social sofre algum impacto, modifica-se para sobreviver;
- Para conter a disseminação do vírus dentro das diversas redes que formam o sistema, adotou-se o distanciamento social. Essa tática foi progressivamente alterando as formas de socialização e, dessa forma, a própria configuração das redes — por exemplo, aquelas relacionadas à economia;
- A investigação da propagação de um vírus biológico nas redes de uma sociedade pode ser realizada através das mesmas técnicas de monitoramento utilizada em sistemas antivírus de redes informacionais: isola-se o vírus e tenta-se descobrir sua origem e os caminhos que percorreu;
- O uso de tecnologia de monitoramento, ou *contact tracing* (rastreamento de contato), apesar de eficiente no combate a uma ameaça biológica, levanta questões éticas: como garantir o acesso a informações sobre a saúde de um indivíduo sem ferir seu direito à liberdade e à privacidade?;
- Identificar e isolar uma ameaça à rede, atuando sobre ela localmente, é um método eficaz para conter a propagação de um vírus.

ATAQUE AOS SISTEMAS

Um vírus biológico abalou o sistema social, econômico e governamental.

O sistema social é composto a partir da fusão de diversas redes, que, quando conectadas, garantem o funcionamento do todo. Considere o bairro onde você mora: ele é uma rede que se conecta à rede da cidade, que se conecta ao resto do estado etc. Além desse agrupamento por geolocalização, ocorrem outros agrupamentos simultaneamente. As escolas que seus filhos frequentam, a empresa onde você trabalha, a academia onde você se exercita, o comércio que você frequenta são todas redes independentes, ou grupos, que amplificam as relações sociais. As empresas ainda se conectam às redes de logística, venda, distribuição e governos, elementos esses que movimentam o ciclo da economia.

Cada grupo desses é uma rede, que possui interdependência funcional; no entanto, por formarem um sistema, alterações em uma rede consequentemente afetam o sistema.[21] Quando, por exemplo, uma empresa encerra suas atividades, ela elimina uma parte funcional da rede, impactando todo o sistema,

---

[21] JOHNSON, Allan G. *Dicionário de sociologia: Guia prático da linguagem sociológica*. Rio de Janeiro: Zahar, 1997.

fazendo com que os empregados busquem outras opções de trabalho, muitas vezes alterando suas vidas e conexões. É assim que um sistema social é composto: por interações das redes, movidas por necessidades dos indivíduos, interesses dos grupos sociais e conexões entre as instituições, elementos que se inter-relacionam em um fluxo constante. Em resumo, quando um sistema social sofre algum impacto, ele se modifica para sobreviver. É um movimento natural: a rede se adapta constantemente e transforma todo o ambiente à sua volta.

Mas quando o ataque é sistemático e atinge todas as conexões das redes, o resultado pode ser catastrófico. Uma restrição funcional para garantir a proteção das pessoas durante a pandemia alterou nossas formas de trabalho, de vida e de socialização. Isso modificou o sistema todo e, consequentemente, nosso futuro. Essa rede, o sistema social, não foi capaz de se proteger de forma independente e automática, o que impactou suas conexões de uma forma severa. Um vírus instalado no sistema social afetou o funcionamento da sociedade, de governos, das empresas, paralisando os fluxos que movimentam essas redes.

Geralmente, o combustível fundamental das redes são interações sociais, econômicas ou informacionais, que aumentam ou reduzem a velocidade do sistema. Diante da ameaça do vírus, muitos buscaram formas para se proteger através de informações que chegavam de diversos canais, tentando sustentar decisões individuais que garantissem a sua segurança e de seus familiares. Já os líderes de governos ao redor do mundo buscaram diferentes soluções para proteger a saúde das pessoas, modificando drasticamente o funcionamento das redes através de medidas restritivas que abrangeram o fechamento de escolas, limitações para o funcionamento do comércio e *lockdown* de cidades inteiras.

Ao ser atacado, o sistema tentou se adaptar rapidamente, buscando novas formas de funcionamento. Empresas expandiram seus espaços de trabalho para dentro das casas dos seus funcionários, transformando locais de convivência familiar em postos de trabalho. Os familiares desses profissionais, que muitas vezes tinham uma conexão distante com o trabalho dos seus, passaram a ouvir reuniões sobre finanças da empresa. Enquanto isso, filhos se conectavam para ter aulas através da internet, com o ruído de fundo de outra criança que não podia ir para uma praça em razão de restrições de circulação social nas ruas.

Em razão dessa necessidade repentina de adaptação, o sistema social foi afetado, e a adaptação orgânica, que geralmente ocorre no caso de uma falha pontual na rede, dessa vez não aconteceu. Com o sistema paralisado em razão de um vírus biológico, as redes começaram a se desmontar, apesar das inúmeras formas de conexão tecnológicas disponíveis.

Não estávamos preparados para um ataque biológico que afetasse a rede social inteira. Não tínhamos planos de contenção e muito menos preparo psicológico para lidar com a necessidade de distanciamento social. A humanidade já havia passado por outras pandemias, mas nunca teve em suas mãos tanta informação, produzida em tempo real, sobre o impacto do vírus — angustiaram a todos as cenas dos hospitais cheios, de corpos sendo transportados de uma cidade à outra em busca de covas, das incertezas quanto a que protocolos de segurança adotar. Nesse cenário caótico, a medida para conter o contágio acelerado foi bloquear o funcionamento das redes, visando restringir a circulação do vírus, ação adotada como medida padrão em todo o mundo.

Nos laboratórios do Instituto Cappra, pesquisamos muitas variáveis que influenciaram a propagação desse vírus biológico durante a pandemia de 2020. Entre essas variáveis, as que mais se destacaram, sendo consideradas pontos fracos das redes, foram:

- Fragilidade social: redes compostas por comunidades mais pobres foram as primeiras e mais afetadas;
- Localização física: redes próximas de grandes centros urbanos, ou com comércio muito ativo, sofreram um impacto direto em razão de viajantes que transportavam o vírus;
- Alta vulnerabilidade: redes onde se concentravam pessoas idosas ou com problemas de saúde, quando impactadas, tiveram altos índices de mortalidade.

Mantivemos um espaço de pesquisa aberto, com publicações contínuas, investigando dados relacionados à pandemia. Foi a primeira pandemia em que havia a possibilidade de analisar os dados em tempo real. Usando a ciência de dados, investigamos cada estágio da jornada da doença no mundo, gerando uma publicação técnica batizada de *Covid-19 data science highlights.*[22]

Ao redor do mundo, diversos grupos de pesquisadores e cientistas se reuniram em busca de respostas para um vírus novo que se espalhava pelo mundo. Muitas barreiras foram eliminadas durante esse período, desde protocolos tradicionais a conflitos entre academia e mercado. Todos trabalharam juntos na busca de soluções para o problema. O sequenciamento do genoma do coronavírus foi feito em 48 horas[23],

---

[22] CAPPRA INSTITUTE. Covid-19 data science highlights. Disponível em: <https://www.cappra.institute/covid>. Acesso em 16 de maio de 2021.

[23] DANTAS, Carolina. "Cientistas do Brasil e de Oxford sequenciam genoma do novo coronavírus detectado em SP". *G1*. 28 de fevereiro de 2020. Disponível em: <https://g1.globo.com/bemestar/coronavirus/noticia/2020/02/28/cientistas-do-brasil-e-de-oxford-sequenciam-genoma-do-novo-coronavirus-detectado-em-sp.ghtml>. Acesso em 16 de maio de 2021.

um tempo recorde. Grupos que investigavam a evolução da pandemia abriram seus próprios canais de comunicação com a sociedade, com bancos de dados disponíveis para quem quisesse contribuir ou fazer suas próprias análises — a exemplo do *dashboard* (figura 5) criado pela universidade de medicina Johns Hopkins, que criou uma central de informações ativa sobre a evolução e propagação do vírus ao redor do mundo.[24]

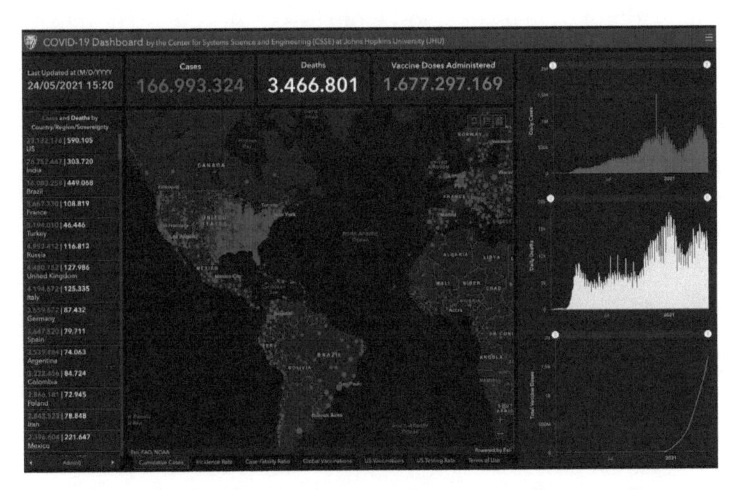

Figura 5. Website The Johns Hopkins Coronavirus Resource Center (CRC), com *dashboard* que monitorou a evolução da propagação do coronavírus pelo mundo.

Com esse tipo de informação em mãos, líderes ao redor do mundo tomaram decisões para proteger a humanidade do coronavírus. Líderes de empresas criaram protocolos específicos para proteger seus funcionários, líderes de governos

[24] Center for Systems Science and Engineering (CSSE) at Johns Hopkins University (JHU). COVID-19 Dashboard. Disponível em: <https://coronavirus.jhu.edu/map.html>. Acesso em 16 de maio de 2021.

criaram leis para proteger a população e líderes de famílias estabeleceram regras para proteger seus parentes. Havia informações suficientes, disponíveis na TV, rádio ou internet, para apoiar decisões sustentadas em fatos científicos, mas uma cadeia de ações aleatórias, não orientadas por dados, colapsou o sistema social inteiro. O medo motivou tais decisões e elas tiveram consequências: os sistemas social, econômico e de saúde foram os mais afetados. Com essas redes desestruturadas, o mundo parou.

DISTANCIAMENTO SOCIAL

O sistema social foi modificado e afetou tudo que estava diretamente conectado à rede.

Com as restrições determinadas por governos, como medidas de distanciamento social e limitações para funcionamento do comércio e serviço local, as pessoas passaram a interagir através de plataformas digitais. O uso de ferramentas para relacionamento social, como *Zoom*, *WhatsApp*, entre tantas outras, tiveram grande crescimento durante o período da pandemia. Números apontam que o uso do *Zoom* aumentou 19 vezes nesse período[25], ou seja, a sociedade migrou sua forma de comunicação e de socialização: o *happy hour* virtual tornou-se uma prática comum entre círculos de amizade, os encontros de família e as festas de aniversário passaram a acontecer através de telas de smartphones. A rede social adaptou-se forçada e rapidamente a novas formas de interação entre as pessoas. Esse processo foi acelerado em razão das empresas de *software*

---

[25] CAPELAS, Bruno. "Como o app de chamadas de vídeo Zoom cresceu 19 vezes em meio à quarentena". *Estadão*. 2 de abril de 2020. Disponível em: <https://link.estadao.com.br/noticias/empresas,como-o-app-de-chamadas-de-video-zoom-cresceu-19-vezes-em-meio-a-quarentena,70003257968>. Acesso em 16 de maio de 2021.

já possuírem soluções prontas, que foram aperfeiçoadas para atender a demanda gigantesca de uma sociedade que precisava manter suas relações sociais ativas.

Aquelas pessoas que casualmente se encontravam ao sair de casa para levar as crianças para brincar na mesma praça, ao deixar os filhos na escola e encontrar outros pais, ou ao ir em um bar com os amigos, ficaram impedidas de interagir. Dessa forma, a rede social, que era amplificada em razão das interações cara a cara entre as pessoas, fossem elas ocasionais ou não, limitou-se às redes virtuais e a conexões planejadas. Sem mais a casualidade de conhecer alguém no corredor, os encontros passaram a ser rotinas pré-organizadas, fazendo com que a rede social de cada indivíduo não tivesse a oportunidade de aumentar a partir da amplificação de interações cara a cara.

Essa reorganização do sistema social fez com que indivíduos gerenciassem suas vidas restringindo a própria circulação para reduzir a propagação de uma doença. Essa foi a forma que as pessoas encontraram para se proteger. Com menos relações sociais, a chance de contaminar, por exemplo, um membro da própria família era menor.

O caso de uma família da Carolina do Norte, nos Estados Unidos, merece atenção por ilustrar como ocorre a propagação de um vírus dentro de uma rede familiar. O caso foi acompanhado e rastreado desde o primeiro contágio com o coronavírus. Após uma reunião familiar, em que um dos presentes carregava o vírus, 14 membros receberam diagnóstico positivo para covid-19 (figura 6). O esquema, publicado no portal de notícias BBC, exemplifica como ocorreu o contágio.

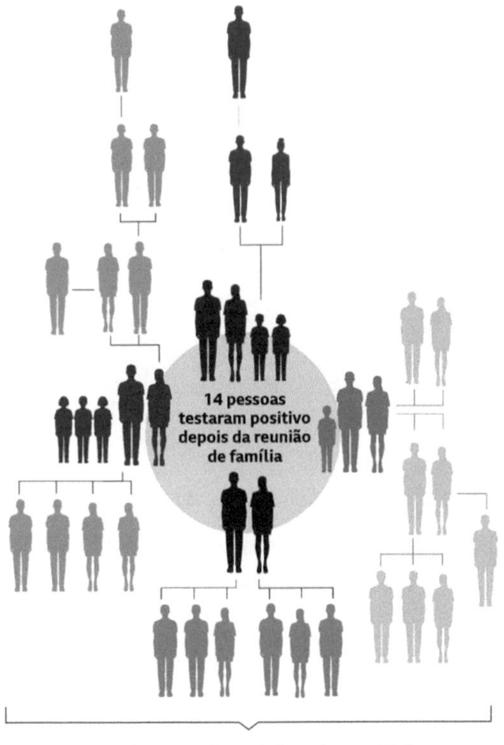

Figura 6. Infográfico da BBC sobre a família de 14 pessoas que testaram positivo para covid-19 após uma reunião.

Os membros dessa família ainda transmitiram o vírus para pessoas de suas redes de contato direto, como vizinhos e colegas de trabalho, infectando, num intervalo de 16 dias, outras 18 pessoas. No total, a soma dos infectados chegou a 41 pessoas.

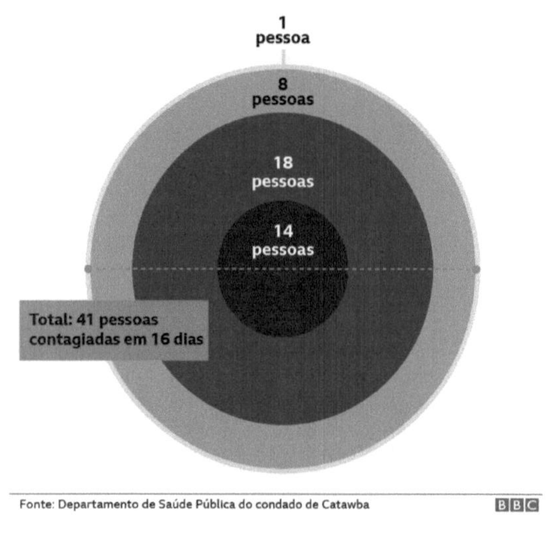

Figura 7. Infográfico da BBC sobre a transmissão da família para outras 41 pessoas em 16 dias.

É curioso observar como o vírus se propaga através da rede, espalhando-se de forma direta pelas suas conexões. O alto índice de propagação do vírus no mundo inteiro deve-se à própria natureza das redes sociais, que pressupõem a interação cara a cara.

Em razão desse vetor de propagação do vírus, o medo social se espalhou e o sistema todo foi abalado, o que gerou afastamento entre pais, filhos, avós, amigos, algo que deverá ser alvo da atenção de cientistas de diversas áreas, pois aspectos sociais e psicológicos afetados em razão desse período de reclusão sem dúvida refletirão nas próprias formas de organização da sociedade daqui para frente. Imagine o que passa na cabeça de uma criança que se afasta de seus colegas de escola e de muitos de seus familiares durante um longo período, mudando suas relações sociais e suas rotinas.

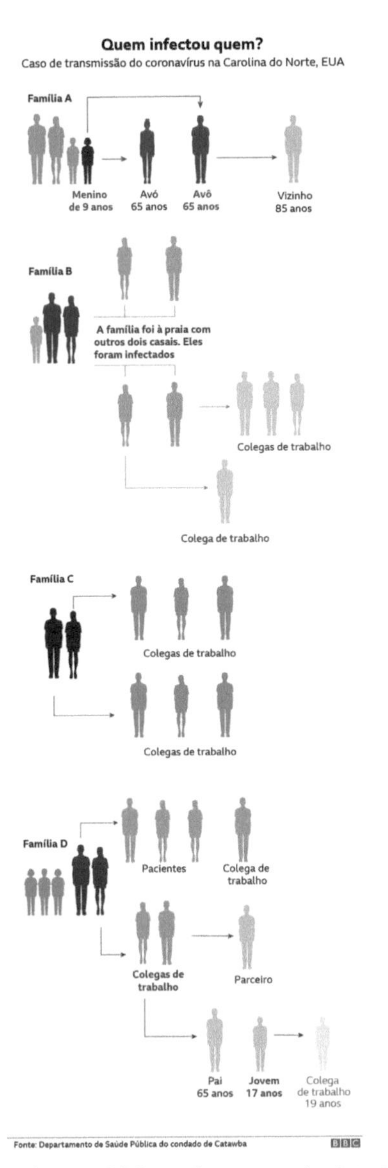

Figura 8. Infográfico da BBC que ilustra a rede afetada em razão do contágio a partir de uma reunião familiar.

O impacto da covid-19 em nossas vidas é muito grande, mas nada comparado ao que está acontecendo com a área da saúde ao redor do mundo. Não há dúvidas de que essa foi a rede mais afetada. Os sistemas de saúde são preparados para operar com uma quantidade finita de leitos e de profissionais atuantes, para suportar um volume médio de pacientes. Da noite para o dia, esses sistemas passaram a receber um imenso volume de pacientes sofrendo do mesmo mal. E o pior: boa parte desses sistemas tiveram que lidar com a situação sem os recursos e informações adequadas para trabalharem e conseguirem monitorar o que estava acontecendo. O sistema de saúde inteiro foi impactado. Foi preciso pensar em ações emergenciais para lidar com o problema da infraestrutura, como criação de hospitais de campanha em diversas cidades ao redor do mundo. Essas ações emergenciais foram postas em prática para que se pudesse lidar com o aumento da demanda de pacientes infectados por um vírus sobre o qual pouco se sabia.

Os profissionais de saúde foram aprimorando suas técnicas enquanto o vírus lotava os hospitais com mais pessoas, tudo isso sem nenhuma previsão de término da pandemia. As redes de saúde instalaram rotinas de segurança próprias para pacientes e médicos, com ambientes restritivos e atendimentos específicos para grupos de indivíduos com suspeita de contágio. Hospitais e sistemas de saúde ao redor do mundo não possuíam recursos financeiros para suportar um impacto de uma calamidade na saúde como essa, então ficaram dependentes de financiamento de governos locais para tentar lidar com a demanda de pessoas que precisavam de atendimento no sistema de saúde.

Simultaneamente, as redes de negócios e, consequentemente, a economia foram dilaceradas em razão desse desconhecido vírus que ameaçava as vidas das pessoas ao redor do mundo todo.

ANÁLISE DE REDES

Decodificando o impacto social de um vírus biológico.

Após o início da pandemia, ainda em 2020, ocorreu um profundo trabalho de monitoramento e análise de redes em Singapura com o objetivo de rastrear a jornada completa da disseminação de covid-19. O direcionamento do governo local foi realizar testes de contaminação em toda a população e então identificar os pontos de maior fragilidade, onde haveria facilidade para a proliferação do vírus. A partir desse monitoramento, foi criado um plano de ação orientado por dados para reduzir a circulação das pessoas infectadas. O mapa dessa rede de pessoas contaminadas demonstrava claramente os locais onde o vírus se propagou com maior facilidade. Na figura 5 é possível visualizar os principais locais de contágio, onde o vírus encontrava fragilidades no sistema e, a partir delas, se proliferava de forma mais rápida. Através desse tipo de análise de redes é possível investigar os fatores envolvidos na propagação de um vírus.

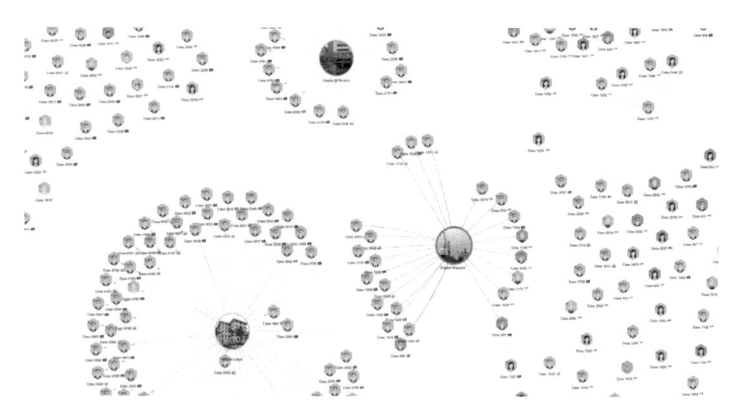

Figura 9. Análise de redes que demonstra locais de Singapura e os indivíduos infectados com covid-19, conforme suas conexões com esses locais.[26]

Na área de tecnologia, os sistemas de comunicação são monitorados de forma muito semelhante: usando dados de identificação do dispositivo na rede. Um endereço de protocolo de internet, ou simplesmente endereço IP, é um rótulo numérico atribuído a cada dispositivo conectado em uma rede de computadores que utiliza o protocolo da internet para comunicação. É através desses endereços que ocorre toda a identificação de tráfego nas redes. Com o monitoramento desse tipo de informação é possível, por exemplo, rastrear a origem de um vírus de computador. O endereço IP é baseado no dispositivo conectado, ou seja, caso alguém esteja navegando na internet através de um smartphone, ela ou ele utilizará um código de identificação atrelado a esse aparelho. Isso significa que o rastreamento é anonimizado, ou seja, os usuários de internet não são diretamente relacionados com

---

[26] UPCODE ACADEMY. Against Covid-19 cases. Disponível em: <https://againstcovid19.com/singapore/cases>. Acesso em 16 de maio de 2021.

seu endereço de IP. Todo o sistema de publicidade, monitoramento de crimes e reconhecimento de indivíduos é baseado nessa mesma sistemática: quando uma pesquisa é feita através de determinado dispositivo, essa informação pode ser armazenada para posterior análise dos hábitos de navegação na internet, que demonstram o comportamento do usuário do sistema. Entendendo o funcionamento desse sistema, é mais fácil compreender como são feitas as análises de redes. Por exemplo, um indivíduo através de um determinado endereço IP, conecta-se em uma plataforma social como o Facebook, por exemplo, e para isso digita seu e-mail. Quando isso é feito, automaticamente cria-se uma associação entre o e-mail e o endereço de IP, e, se aquilo se repete com frequência, é registrado como um padrão de comportamento, ou seja, o e-mail utilizado será permanentemente associado a um determinado endereço de IP.

Podemos observar um exemplo desse tipo de funcionamento na figura 10, abaixo: um vírus se propagando através de uma rede de computadores.[27] Nesse caso, redes *ad hoc* móveis, ou seja, a transmissão se deu por meio de tecnologias de rádio, como *bluetooth* ou *wifi*.

[27] ABREU, João P., SALLES, Ronaldo M. "Uma análise sobre o mecanismo de propagação de vírus em redes *ad hoc* móveis". *Revista Militar de Ciência e Tecnologia*. Rio de Janeiro: Instituto Militar de Engenharia, v. 32, 2015, p. 34-46.

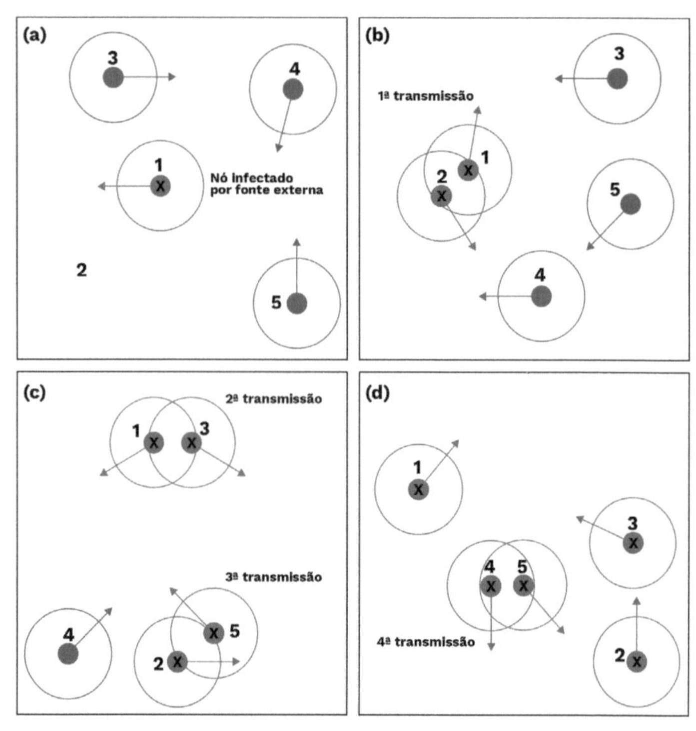

Figura 10. Exemplo da propagação de vírus em uma rede com 5 nós. (a) Nó infectado por fonte externa. (b) Primeira transmissão. (c) Segunda e terceira transmissões. (d) Quarta transmissão. Adaptado de Abreu e Salles, 2015.[28]

A investigação da propagação de um vírus biológico na sociedade pode ser realizada através da mesma técnica de monitoramento. Quando um determinado indivíduo recebe diagnóstico positivo para um vírus, como o coronavírus,

[28] ABREU, João P., SALLES, Ronaldo M. "Uma análise sobre o mecanismo de propagação de vírus em redes *ad hoc* móveis". *Revista Militar de Ciência e Tecnologia*. Rio de Janeiro: Instituto Militar de Engenharia, v. 32, 2015, p. 34-46.

pode-se associar esse diagnóstico ao código de identificação social do indivíduo infectado, ou ao seu documento de registro. Com essas informações em mãos, é possível realizar uma investigação na rede utilizando os mesmos mecanismos e métodos utilizados na análise da propagação de um vírus de computador. Quando é feita uma associação do código identificador do indivíduo com dados sobre sua condição de saúde e informações de suas principais conexões sociais — por exemplo, a escola onde estuda, local onde trabalha, bairro onde mora etc. —, é possível mensurar o risco de propagação do vírus através do uso de modelos matemáticos. A análise da rede de propagação da covid-19 em Singapura[29] foi realizada dessa forma.

Na representação visual abaixo (figura 11), é possível compreender a amplitude da rede que foi impactada pelo vírus. Ao analisar essa "rede contaminada" de Singapura é possível observar os principais pontos de propagação e núcleos das redes de transmissão, representados nessa visualização por locais físicos onde as pessoas circulavam em suas atividades cotidianas. É possível perceber visualmente que alguns desses pontos não possuem conexões entre si, fato que dificulta o mapeamento do contágio do vírus naquela determinada rede. Já outros pontos têm um comportamento distinto; neles o indivíduo é conectado com um ou dois locais físicos diferentes. Por esse motivo, esses locais, sem dúvida, tornam-se um canal acelerador de transmissão para um vírus que se desloca através de meios sociais.

---

[29] UPCODE ACADEMY. Against Covid-19 cases. Disponível em: <https://againstcovid19.com/singapore/cases>. Acesso em 16 de maio de 2021.

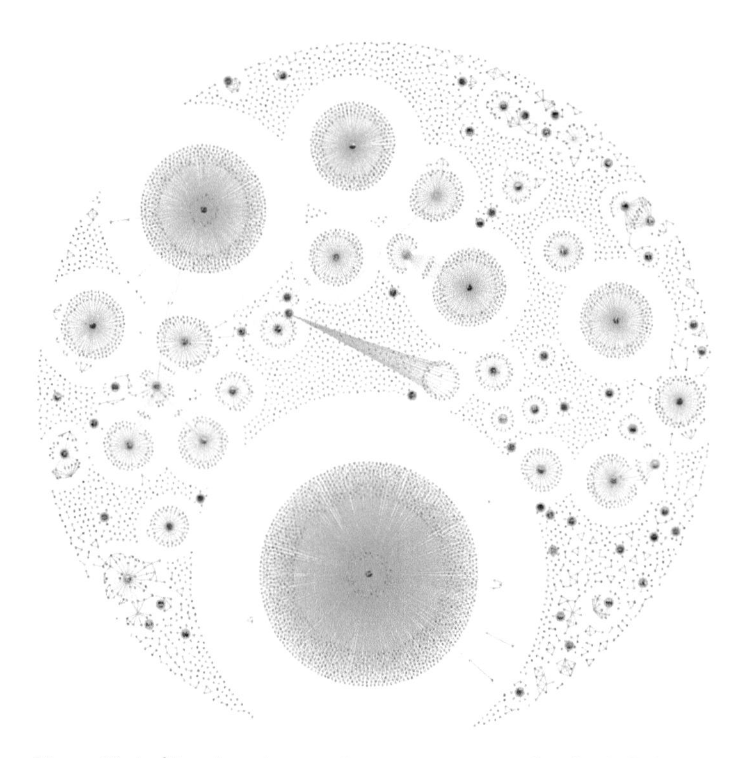

Figura 11. Análise de redes que demonstra as conexões dos indivíduos infectados com covid-19 em Singapura.[30]

O potencial da análise de redes, quando utilizado dessa forma, é enorme, pois a partir disso é possível identificar com maior clareza esses pontos físicos de propagação, onde mais pessoas infectadas com o vírus podem ser agentes de transmissão ativos. A ação que esse modelo pressupõe é a interrupção das linhas de contato dentro da rede, pois dessa forma a propagação do vírus pode ser reduzida e mesmo eliminada.

---

[30] UPCODE ACADEMY. Against Covid-19 cases. Disponível em: <https://againstcovid19.com/singapore/cases>. Acesso em 16 de maio de 2021.

Como dito, o comportamento de um vírus biológico em uma rede social é o mesmo de um vírus de computador na internet: ele utiliza as conexões como meio de transporte e, na fragilidade da rede, encontra um local para se instalar. Quando instalado, ele ataca o sistema local e encontra as falhas que permitem sua transmissão. Quanto mais conectado à rede e mais frágil o sistema, mais rápido o vírus é transmitido. Enquanto o vírus se espalha, ele implode o sistema, e compromete o funcionamento de tudo que está conectado ali. Em alguns casos, a taxa de letalidade (como no caso do *Ebola*, no continente africano) é tão alta que o vírus acaba implodindo a própria rede onde ele está circulando, gerando sua própria extinção. É necessário que exista um certo equilíbrio entre taxa de contágio e taxa de letalidade, caso contrário o vírus eliminará sua própria possibilidade de transmissão na rede.

CONTROLE DAS REDES

O uso de tecnologias de monitoramento para coleta de dados e rastreabilidade de indivíduos.

Líderes de muitos países optaram pelo fechamento imediato de fronteiras com o objetivo de conter a propagação do vírus, mas, ao pôr em prática esse tipo de ação, foram afetadas também as relações comerciais e internacionais que acontecem por intermédio dessas conexões. Essa interrupção do fluxo das redes gerou falhas nessas conexões, ou seja, tornaram as redes sociais instáveis e economicamente frágeis. Uma fronteira fechada significa a interrupção de um ponto da rede, e isso pode reduzir o risco de transmissão de um vírus, mas também pode comprometer os benefícios gerados por essas conexões.

Estabelecendo uma comparação, novamente, com as redes de computadores, para explicar como isso afeta o ecossistema, podemos dizer que, se um *malware* invade um sistema, duas ações são recomendadas: primeiro, assim que detectado, recomenda-se o fechamento dos canais de comunicação com outros terminais, pois o isolamento permite o melhor diagnóstico para eliminação do vírus que está instalado localmente. Em seguida, é necessário rastrear todos os passos do vírus até o terminal infectado, pois assim é possível rastrear a origem desse *malware*.

Através dessas ações, é possível criar um antivírus mais eficiente para eliminar o problema, evitando que o transmissor continue se espalhando. Mas quando estamos falando de um vírus biológico, que se propaga globalmente através da transmissão entre os indivíduos, surgem dois novos problemas:

- Um indivíduo infectado pelo coronavírus pode levar alguns dias para apresentar sintomas e, quando estes se assemelham aos de outras doenças respiratórias, o vírus em ação torna-se um agente silencioso, o que acaba dificultando o rastreio do contágio inicial;
- A rastreabilidade considera somente os pontos de rede danificados, ou seja, caso o vírus seja transmitido por indivíduos assintomáticos será ainda mais difícil a identificação dos transmissores.

Considerando esses dois fatores, a ação mais recomendada para identificação dos pontos afetados pelo vírus é testar todos os pontos conectados nessa rede, ou seja, um monitoramento constante para que todos os infectados sejam identificados. É muito difícil fazer isso em uma rede que não foi previamente mapeada, sobre a qual não existiam registros suficientes das conexões físicas entre os indivíduos para interceptação dos agentes de transmissão do coronavírus. Além disso, seria necessário monitorar a geolocalização de todas as pessoas do mundo.

Com o objetivo de interromper a propagação do coronavírus na Coreia do Sul, ainda em 2020, o governo local ativou um sistema de monitoramento da sociedade para compreender e reagir à propagação da doença. O governo coreano utilizou de tecnologias que possibilitam a rastreabilidade dos indivíduos, como *bluetooth*, *wifi* e GPS.[31] Essas tecnologias permitiram identificar os indivíduos testados e, a partir de um resultado positivo para a infecção, todo seu deslocamento e conexão com outras pessoas eram rastreados. Os indivíduos, identificados pelos códigos do seus smartphones, eram monitorados desde a geolocalização até a completa conexão com a rede de contatos. Com isso, tornou-se possível identificar quando cada indivíduo circulava por zonas com maior risco de propagação, fossem lugares com muitas pessoas ou em espaços com maior probabilidade de disseminação do vírus.

Através de um rígido protocolo de ação, o governo testou em massa a população e monitorou a sociedade através dessas ferramentas de geolocalização, controlando assim a propagação do vírus no país através do uso da tecnologia da informação. Essa técnica é chamada de rastreamento de contato ou *contact tracing*.

A Coreia do Sul possui uma das leis mais rígidas do mundo em relação à proteção de dados pessoais, mas a Lei de Controle e Prevenção de Doenças Infecciosas (*Infectious Disease Control and Prevention Act* — IDCPA, Lei nº 14286/2016)[32] foi acionada e utilizada durante a pandemia. Essa lei prevê a proteção da saúde da sociedade acima de tudo. Existente desde 1954, ela determina que empresas de comunicação e a polícia compartilhem informações de localização de prováveis infectados com as autoridades de saúde quando solicitados. A partir desse tipo

---

[31] KIM, Max S. "South Korea is watching quarantined citizens with a smartphone app". *MIT Technology Review*. 6 de março de 2020. Disponível em: <https://www.technologyreview.com/2020/03/06/905459/coronavirus-south-korea-smartphone-app-quarantine/>. Acesso em 16 de maio de 2021.

[32] Korea Legislation Research Institute. Infectious disease control and prevention act. Disponível em: <https://elaw.klri.re.kr/kor_service/lawView.do?hseq=40184&lang=ENG>. Acesso em 16 de maio de 2021.

de informação, foi possível identificar a localização de cada indivíduo, verificando o risco relacionado à distância entre outros indivíduos, inclusive gerando alertas para pessoas que estavam próximas fisicamente desses infectados.[33]

O uso de tecnologias avançadas de geolocalização permitem o completo monitoramento da sociedade e poderiam evitar a propagação do vírus através de medidas restritivas para possíveis transmissores do coronavírus. No entanto, é necessário observar os limites éticos para o uso desse tipo de artefato tecnológico, já que o método é baseado na restrição de circulação social e exposição dos indivíduos infectados. Uma rede completamente monitorada pode ser um poderoso sistema de informação, mas, mesmo na internet, um ambiente que permite a rastreabilidade dos dados, foram estabelecidas regras para garantir a liberdade dos indivíduos através da criação de leis que permitem o direito à navegação anônima, por exemplo. Nesse cenário, surgem as seguintes questões:

É fato que a privacidade das pessoas é afetada através do rastreamento de contato, mas no caso do uso dessas informações para a proteção da vida da sociedade, supondo que fosse possível reduzir 75% das mortes causadas pelo coronavírus no mundo, seria correto o uso desse tipo de informação?

A tecnologia para realização esse tipo de monitoramento já é uma realidade. Essa técnica, utilizada na Coreia do Sul, também foi cogitada por governantes no Brasil[34] e nos Estados

---

[33] "Coronavirus privacy: are South Korea's alerts too revealing?". *BBC News*. 5 de março de 2020. Disponível em: <https://www.bbc.com/news/world-asia-51733145>. Acesso em 16 de maio de 2021.

[34] "Quarentena: entenda a polêmica do monitoramento de celular no Brasil". *Uol*. 14 de abril de 2020. Disponível em: <https://www.uol.com.br/tilt/noticias/redacao/2020/04/14/monitoramento-de-celular-perguntas-e-respostas.htm>. Acesso em 16 de maio de 2021.

Unidos.[35] Esse tipo de análise de rede possibilita a contenção de um vírus, mas certamente ultrapassa os limites da liberdade e privacidade dos indivíduos.[36]

É claro que, quando isso é uma decisão do próprio indivíduo, pode ser um recurso muito poderoso. Durante a pandemia, Google e Apple[37] desenvolveram aplicações para que os usuários dos seus sistemas disponibilizassem, de forma espontânea, seus dados de saúde, localização física, entre outras informações, criando assim uma rede de proteção de vidas.[38] Esse tipo de iniciativa pode se tornar uma prática comum em breve. O compartilhamento de dados individuais pode se tornar uma moeda de troca por segurança, permitindo assim a visualização de áreas de risco no caso da disseminação de um vírus que afete a sociedade, que se organiza em redes interconectadas.

---

[35] TAU, Byron. "Government tracking how people move around in coronavirus pandemic". *The Wall Street Journal*. 28 de março de 2020. Disponível em: <https://www.wsj.com/articles/government-tracking-how-people-move-around-in-coronavirus-pandemic-11585393202>. Acesso em 16 de maio de 2021.

[36] DOFFMAN, Zak. "Yes, Apple and Google have given us a serious contact tracing problem—here's why". *Forbes*. 19 de junho de 2020. Disponível em: <https://www.forbes.com/sites/zakdoffman/2020/06/19/how-apple-and-google-created-this-contact-tracing-disaster/?sh=5b5ec30c7ca2>. Acesso em 16 de maio de 2021.

[37] Apple. Privacy-preserving contact tracing. Disponível em: <https://covid19.apple.com/contacttracing>. Acesso em 16 de maio de 2021.

[38] Apple. Apple e Google formam parceria para tecnologia de rastreamento de contato com COVID-19. 10 de abril de 2020. Disponível em: <https://www.apple.com/br/newsroom/2020/04/apple-and-google-partner-on-covid-19-contact-tracing-technology/>. Acesso em 16 de maio de 2021.

REDES LOCAIS

Um antivírus é muito mais eficiente quando instalado localmente.

O funcionamento em rede da sociedade, um ecossistema social amplo que integra bairros, cidades, países e continentes em poucas horas de voo, é naturalmente um possível agente de propagação de doenças transmissíveis. Quando o elemento acelerador da disseminação de um vírus é a distância social, como no caso do coronavírus, a rede globalmente conectada pode ser considerada a principal responsável por uma pandemia. A redução da interação das redes para conter a propagação do vírus tornou-se uma realidade e pode dizer muito sobre o futuro da sociedade.

Quando fazemos um paralelo com as redes de computadores, onde trafegam dados de empresas, por exemplo, é interessante voltar aos anos 1980 e compreender a principal preocupação daquela época. Os computadores se conectavam exclusivamente através de redes locais, algo que chamamos de LAN (*Local Area Networks*) e, dessa forma, eram protegidos por sistemas de segurança que impediam o compartilhamento de informações para terminais externos a uma empresa. Servidores físicos, instalados nas próprias empresas, garantiam o funcionamento dessa tecnologia de redes de computadores conectados. Através dessas redes locais, as empresas sentiam-se seguras ao transacionar informações, afinal corriam poucos riscos de algum tipo de infecção, senão pela eventual entrada de um disquete com algum potencial *malware*. A preocupação da segurança aumentou com o surgimento da internet, quando as conexões com redes externas se tornaram um diferencial competitivo de negócios, que, ao mesmo tempo, elevaram o risco durante as trocas de informações. Foram criados muitos protocolos de segurança nas áreas de TI para que as redes locais mantivessem seu funcionamento seguro e independente da internet, afinal essa rede interna teria o papel de garantir o funcionamento do negócio.

Se adotarmos essa mesma lógica para o momento atual, o mundo parou em razão da rápida circulação de um vírus biológico instalado na rede globalizada. A grande dependência de uma rede totalmente integrada, exemplificada pela compra de produtos da China que são imprescindíveis na linha de produção de negócios ao redor do mundo, fez com que o sistema econômico ficasse paralisado. Sendo assim, uma interrupção na rede como a vivenciada na pandemia, seja de contato entre as pessoas ou de transporte de mercadorias, imediatamente impacta todos os negócios que são realizados ao redor do mundo.

Negócios locais, ou redes locais, podem ser menos afetados no caso do fechamento de um canal de comunicação com redes externas. A rede local permite uma ação mais rápida na contenção do problema, já que a identificação do agente transmissor pode ser acelerada. O coronavírus atingiu primeiramente grandes centros urbanos ou locais com grande trânsito de pessoas através de uma malha aérea interconectada, mas as regiões mais afastadas desses centros levaram mais tempo para serem afetadas. Essas redes mais afastadas têm maior dependência de operações locais, por isso leva mais tempo para um vírus atingir as pessoas dessas regiões.

No Brasil, foi possível observar a entrada do vírus através das regiões litorâneas, capitais e grandes centros metropolitanos, e, na sequência, a expansão para as redes mais distantes, como o interior do país.[39] Uma gestão aprimorada da rede local poderia ter reduzido drasticamente o impacto da pandemia nesses locais.

A visualização da sociedade em forma de rede permite análises mais eficientes a partir de modelos matemáticos e tecnologia para rápido processamento dos dados, o que ajuda na criação de planos de contingência e proteção da população no caso do ataque de um vírus biológico. Assim como um antivírus de computador, essa é uma opção que precisa estar disponível para os usuários, não somente para governos e governantes. Uma sociedade mais bem informada, que tem a possibilidade de tomar decisões a partir de dados, poderia agir em suas redes locais, quem sabe assim reduzindo os impactos causados por uma pandemia. A análise de uma rede local torna possível tomar decisões mais efetivas, já que abrangem conexões específicas. É muito mais fácil identificar um *malware* em uma rede local, com apenas dois computadores conectados, do que em uma rede conectada globalmente.

---

[39] Cappra Institute for Data Science. A disseminação espacial do Covid-19 no Brasil. 13 de maio de 2020. Disponível em: <https://www.cappra.co/lab-covid/disseminacao/espacial>. Acesso em 16 de maio de 2021.

POTENCIAL ANALÍTICO

Como combater um vírus

- Uma rede baseada em relações sociais, quando infectada com um vírus que utiliza a proximidade entre os indivíduos para se espalhar, tem sua própria estrutura utilizada como meio propagador e acelerador do contágio;
- Os métodos utilizados na ciência das redes podem ser replicados no controle do contágio por um vírus. Veja-se o exemplo da Nova Zelândia, que adotou medidas de controle como a delimitação do contato e da interação social a *clusters* ou *bolhas sociais*;
- É imprescindível ter informação acessível para lidar com uma ameaça às redes. No entanto, essas informações precisam ter como base evidências científicas, assim como devem ser instrumentalizadas em formato amigável para que, de fato, possa-se tomar as melhores decisões para a proteção individual e coletiva;
- Através da análise de redes, a ação de contenção de ameaças biológicas pode ser tratada de forma muito mais efetiva. Mas a população precisa ser mais bem informada sobre os fatores éticos e tecnológicos envolvidos nesse tipo de monitoramento.

VÍRUS NA REDE

Um vírus utiliza a própria estrutura da rede para se espalhar.

Quando um vírus se instala em uma rede, pouco importa o que ele transporta, pois é a estrutura da rede e a sua fragilidade que vão potencializar o contágio. Em *Seis Graus de Separação*, o pesquisador Duncan Watts diz que a "chave para estimar a probabilidade de uma cascata semelhante a um contágio está em não se concentrar no estímulo em si, mas na estrutura da rede que o estímulo atinge". Dessa forma, uma rede baseada em relações sociais, quando infectada com um vírus que utiliza a proximidade entre os indivíduos para se espalhar, tem sua própria estrutura utilizada como meio propagador e acelerador do contágio. Essa forma de transmissão reflete um conceito estudado por László Barabási, chamado *Rede sem Escala*, ou *Rede de Escala Livre*.[40] Essas redes complexas têm o grau de distribuição determinado pela lei da potência e possuem grande tolerância a falhas.

Na prática, isso significa que, na eventualidade de um dos pontos de conexão (vértice) falhar, a disseminação do vírus

[40] BARABÁSI, Albert-Lászlo, BONABEAU, Eric. "Scale-free Network". *Scientific American*, v. 288, ed. 5, 2003.

não será interrompida, já que ele encontrará outros nós nessa mesma rede que permitem sua conectividade com o todo.[41] Essa forma de funcionamento se aplica no caso da propagação de uma ameaça biológica como o coronavírus. Observe o funcionamento desse tipo de rede no gráfico abaixo:

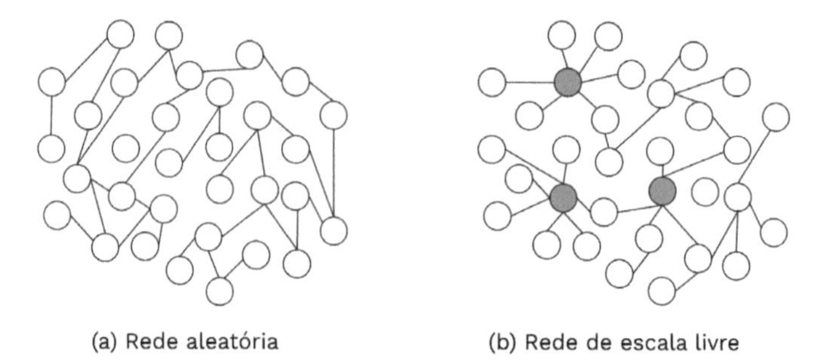

Figura 12. Rede aleatória(a) e rede de escala livre (b). Na rede aleatória verifica-se que a rede está interligada de modo aleatório. Nas redes de escala livre verifica-se a existência de nós com mais ligações, que não são identificados como *hubs*.[42]

Como possuímos uma tendência a gravitar em torno de pessoas com interesses semelhantes aos nossos[43], o vírus que infecta uma determinada rede social tem grande potencial de disseminação. Ele não necessariamente se espalha em grande velocidade, mas possui uma alta taxa de contágio e tolera bem as "falhas" de transmissão.

---

[41] DOROGOVTSEV, S. N, MENDES, J.F.F. "Evolution of networks". *Advances in Physics*, v. 51, ed. 4, 2002.

[42] CASTILLO, Carlos. "Effective web crawling". University of Chile, 2004. Disponível em: <https://chato.cl/papers/crawling_thesis/effective_web_crawling.pdf>. Acesso em 17 de maio de 2021.

[43] NEWMAN, M. E. J. "Assortative mixing in networks". *Physical Review Letters*, v.89, ed. 20, 2002.

Aqui também é importante conhecermos como Mark Granovetter explica a difusão de informações em uma rede.[44] Primeiramente, ele divide os laços sociais em fortes, fracos e ausentes. Mas, diferente do que se pode imaginar, os laços fracos têm maior importância na dinâmica das redes do que os outros, pois eles são capazes de transmitir uma mensagem para indivíduos de outros círculos sociais. Dessa forma, utilizando os laços fracos, a transmissão de um vírus torna-se mais difícil de ser interrompida.

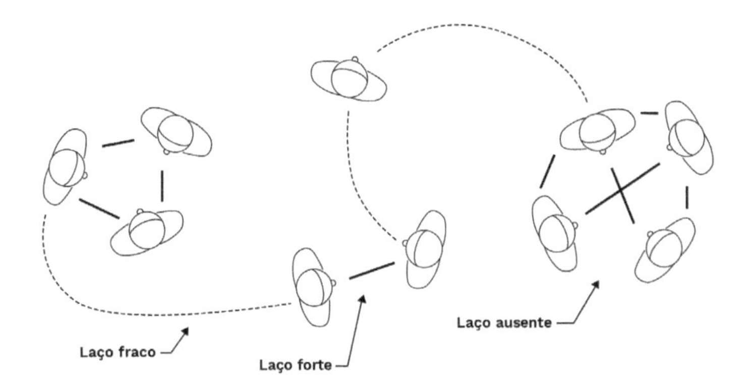

Figura 13. Segundo Granovetter, os laços fracos *(weak ties)* são os responsáveis por carregar a informação de uma rede para outra.

Considere aqui um vírus biológico como uma informação, pois é exatamente esse papel que ele assume nas redes por transferir-se de um indivíduo para outro através das conexões entre eles. Isso significa que o espalhamento do vírus pode ser potencializado em razão da formação estrutural das redes de relacionamento, o que, como já vimos, foi um dos fatores determinantes para a propagação do coronavírus.

---

[44] GRANOVETTER, M. "The strength of weak ties". *American Journal of Sociology*, Chicago: University Chicago Press, v. 78, ed. 6, 1973, p.1930-1938.

Aqui fica claro que os modelos matemáticos utilizados para análises de redes de computadores se aplicam em sua plenitude para analisar as conexões entre os indivíduos, possibilitando inclusive a aplicação dos mesmos sistemas de métricas para comparar o funcionamento dessas redes sociais. A interação, se presencial ou virtual, possui os mesmos mecanismos de funcionamento: é a própria estrutura da rede que determina a velocidade da propagação de informações. Até pouco tempo, isso era fonte de muitos benefícios, pois uma estrutura de rede totalmente conectada, como no caso dos *hubs* de aeroportos, permitiu um aumento na velocidade da interação entre as pessoas, possibilitando uma rede global de negócios. Mas essa mesma estrutura de rede também propiciou a aceleração na propagação de um vírus biológico.

A sociedade pôde observar isso durante pandemia. Em todo o mundo, foram postas em prática ações de distanciamento social que tinham como objetivo reduzir a velocidade de propagação de uma doença sem vacina ou cura, mas, de forma "silenciosa", o vírus continuou se espalhando através das redes, tendo contaminado e vitimado, enquanto escrevo esse texto, em agosto de 2020[45], mais de 767.000 pessoas ao redor do mundo. Muitos pesquisadores e cientistas adotaram técnicas de análise de redes para entender a propagação do vírus, gerando relatórios, *dashboards* e algoritmos para informar a sociedade. Essas informações também foram utilizadas por líderes globais para tomada de decisão.

---

[45] World Health Organization. Who Coronavirus (COVID-19) Dashboard. Disponível em: < https://covid19.who.int/>. Acesso em 17 de maio de 2021.

CIÊNCIA DAS REDES

A ciência como instrumento para rastrear ameaças.

Como foi possível observar até aqui, as ciências de redes e de dados têm papel fundamental na observação de fenômenos e decodificação de problemas complexos.

A ciência das redes é uma área multidisciplinar que estuda redes complexas, tais como redes de computadores, redes de negócio, redes de telecomunicações, redes sociais e redes biológicas. Os estudos realizados nessa área têm relação com diversos campos do conhecimento que lidam com a noção de redes: da matemática à física, passando pela ciência da computação, ciência de dados, visualização de informação, design, sociologia e biologia. Muitos dos termos que usei até aqui para explicar o espalhamento do coronavírus e como isso alterou o funcionamento da sociedade são oriundos da ciência das redes, definida pela entidade *National Research Council* como "o estudo das representações de rede de fenômenos físicos, biológicos, sociais, levando a modelos preditivos desses fenômenos".[46]

---

[46] National Research Council. Committee on Network Science for Future Army Applications. Disponível em: <https://www.nap.edu/initiative/committee-on-network-science-for-future-army-applications>.Acesso em 17 de maio de 2021.

Por sua vez, a ciência de dados é a fusão entre tecnologia da informação (bancos de dados, programação, visualização da informação, aprendizado de máquina) com ciências exatas (modelos/técnicas da matemática, estatística, física). Aplicada em áreas de conhecimento diversas (negócios, saúde, biologia), a ciência de dados ajuda a responder perguntas complexas através da transformação de dados em informação.

As redes geram muitos dados. Seus movimentos podem ser observados através de tecnologia e compreendidos através de modelos matemáticos, resultando em análises que permitem entender como essas redes funcionam. Esse monitoramento pode ser um poderoso instrumento de rastreabilidade de uma ameaça.

Essa foi a primeira pandemia da história analisada em tempo real. Pesquisadores e cientistas ao redor do mundo colaboraram para coletar dados, monitorar, analisar e disponibilizar informações sobre o coronavírus enquanto ele se espalhava.[47] Todos os setores da sociedade buscavam entender o vírus. Laboratórios ligados tanto ao setor público quanto ao privado foram criados com o objetivo de ajudar na redução do impacto do vírus.[48] A Organização Mundial de Saúde (*World Health Organization*) chegou a criar um fórum para incentivar esses laboratórios de pesquisa e desenvolvimento, delineando 8 temas que precisavam ser investigados para apoiar as decisões

---

[47] DE NEGRI, Fernanda *et al.* "Ciência e Tecnologia frente à pandemia". *IPEA*. 27 de março de 2020. Disponível em: <https://www.ipea.gov.br/cts/pt/central-de-conteudo/artigos/artigos/182-corona>. Acesso em 17 de junho de 2021.

[48] World Health Organization. R&D blueprint and COVID-19. Disponível em: <https://www.who.int/teams/blueprint/covid-19>. Acesso em 17 de maio de 2021.

de líderes ao redor do mundo. Esses temas orbitavam em torno de informações sobre o vírus, melhores práticas de contenção, melhores práticas médicas, aperfeiçoamento da comunicação para a sociedade; em suma, tudo aquilo que pudesse minimizar o impacto do coronavírus na humanidade.[49] Essa coalizão entre pesquisa, ciência e aplicação prática nunca teve tanto incentivo e abordagens tão ágeis. Foi necessário um evento como uma pandemia para que a ciência e as áreas de aplicação trabalhassem juntas em busca de uma solução.

O artigo intitulado "*Social network-based distancing strategies to flatten the COVID-19 curve in a post-lockdown world*", publicado na Nature Human Behaviour[50] por pesquisadores das universidades de Oxford e Zurique, demonstrou a aplicação da ciência para observar as redes. Nesse artigo, os autores simularam formas de alterar as redes de contato e de interação entre as pessoas de maneira a achatar a curva de contágio do coronavírus. Na figura 14, eles trazem um exemplo de como a alteração na estrutura das redes de relações pode ser efetiva: ambas as redes possuem o mesmo número de indivíduos e de conexões, mas estão estruturadas de forma diferente — e esse fato apenas já é suficiente para reduzir a velocidade de disseminação da doença.

---

[49] WORLD HEALTH ORGANIZATION. COVID 19, public health emergency of international concern (PHEIC) global research and innovation forum: towards a research roadmap. Disponível em: <https://www.who.int/blueprint/priority-diseases/key-action/Global_Research_Forum_FINAL_VERSION_for_web_14_feb_2020.pdf?ua=1>. Acesso em 17 de junho de 2021.

[50] BLOCK, P. *et al.* "Social network-based distancing strategies to flatten the COVID-19 curve in a post-lockdown world". *Nature Human Behavior*, v. 4, 2020, pp. 588-596. Disponível em: <https://www.nature.com/articles/s41562-020-0898-6>. Acesso em 17 de junho de 2021.

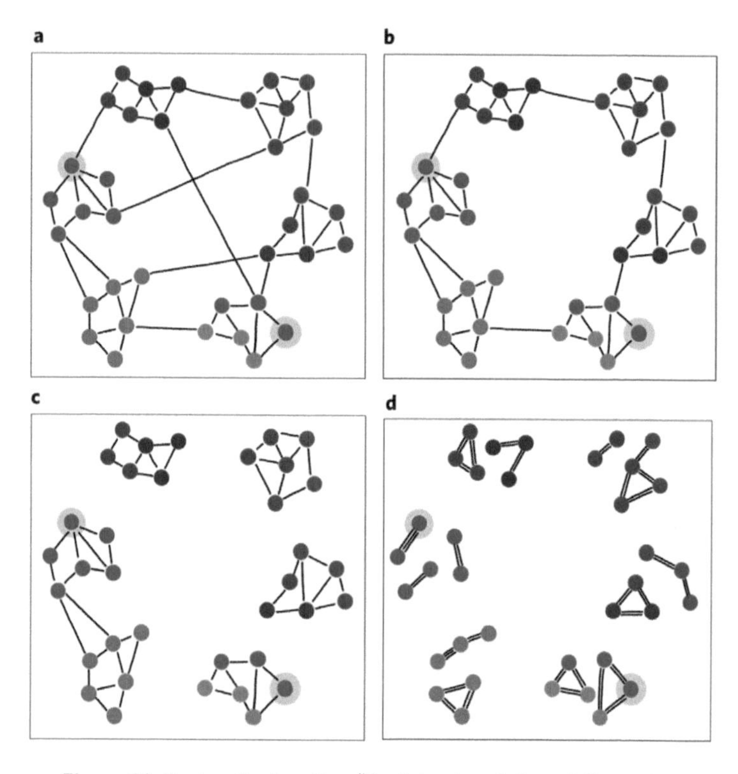

Figura 14. Ilustração do artigo "Social network-based distancing strategies to flatten the COVID-19 curve in a post-lockdown world", Nature Human Behaviour.

Os autores propuseram 3 alternativas de redução de contato entre indivíduos comparando-as com a rede de contatos original (figura a). São elas:

- Busca por semelhanças (figura b): os indivíduos mantêm contato apenas com pessoas que tenham alguma característica semelhante às suas. Podem ser formados, por exemplo, grupos pequenos de pessoas que vivem geograficamente perto, ou que trabalham no mesmo lugar, ou que possuem a mesma idade;

- Fortalecimento de comunidades (figura c): os indivíduos mantêm contato apenas com pessoas que também interajam com outras pessoas do seu círculo social. Nessa estratégia, por exemplo, dois amigos só podem se encontrar se possuem vários amigos em comum;
- Bolhas sociais de repetição (figura d): indivíduos escolhem algumas pessoas para interagir e restringem suas interações sociais apenas a essas pessoas. Nessa estratégia, deve haver comum acordo entre o grupo social de que as interações podem ocorrer apenas entre si, sem que nenhum dos indivíduos interaja com pessoas de fora do grupo.

Simulando cada uma dessas estratégias (figura 15), os autores observaram que todas elas têm melhor desempenho tanto com relação ao cenário onde não há nenhuma restrição de contato, quanto naquele onde as medidas de isolamento são aplicadas de forma aleatória (sem adotar nenhuma estratégia específica). A mais efetiva delas, a estratégia de bolhas sociais de repetição, chega a reduzir o pico de infecção em 60% e resulta em 30% a menos de infectados no final do surto em comparação com a estratégia aleatória.

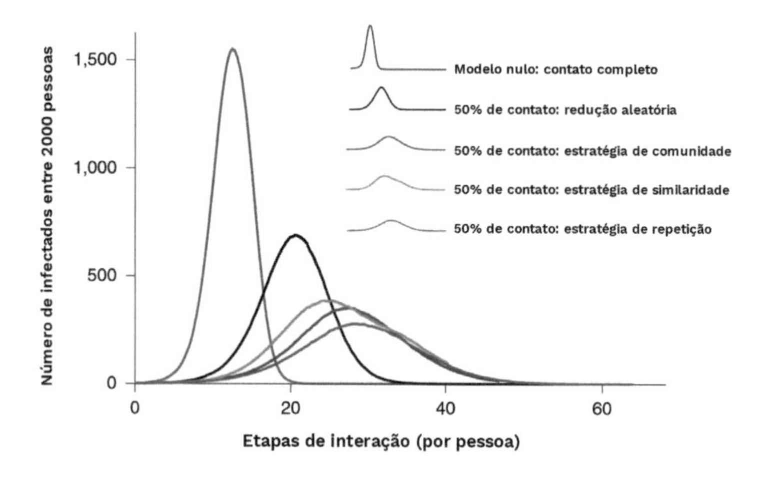

Figura 15. Ilustração do artigo "Social network-based distancing strategies to flatten the COVID-19 curve in a post-lockdown world", Nature Human Behaviour.

Dessa forma, as análises indicaram que a aplicação de estratégias bem elaboradas de redução de contatos pode ser bastante efetiva no achatamento de uma curva de contágio quando comparadas com um distanciamento social aleatório.

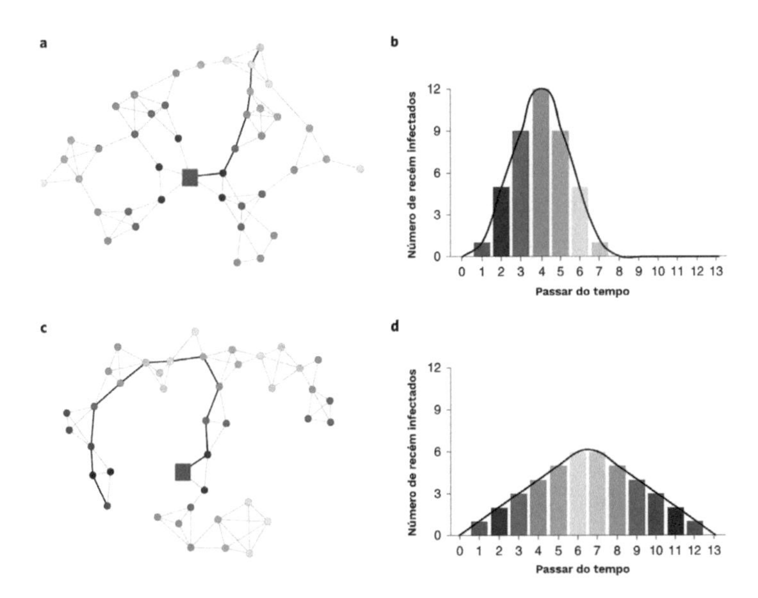

Figura 16. Ilustração do artigo "Social network-based distancing strategies to flatten the COVID-19 curve in a post-lockdown world", Nature Human Behaviour.

A aplicação de estratégias baseadas na ciência pode ser um poderoso recurso para apoiar os tomadores de decisão no caso de uma pandemia como a do coronavírus, cuja disseminação ocorre através do contato social.

Na Nova Zelândia, a exemplo, foi adotada uma estratégia chamada de "Bolhas Sociais".[51] A eficiência do país em lidar com a covid-19 pode servir de exemplo e ser replicado em outros países. Essa estratégia se concentrou em comunicar

---

[51] OLMSTEAD, Molly. "New Zealand's 'Bubble Concept' is slowly letting people socialize again. Would it work in America?". *Slate*. 6 de maio de 2020. Disponível em: <https://slate.com/news-and-politics/2020/05/new-zealand-quarantine-bubble-concept-america.html>. Acesso em 17 de maio de 2021.

à população como as relações entre as redes poderiam potencializar o contágio do vírus e aumentar o número de pessoas doentes como consequência do simples contato entre os indivíduos. O site *thespinoff.co.nz* apresentou uma ilustração (figura 17), criada por Toby Morris e Siouxsie Wiles[52], que explicava como ocorria a transmissão do coronavírus. No primeiro ponto da ilustração, a rede é representada visualmente em forma de bolhas de relacionamento, definindo *clusters*/grupos por semelhança de características, como trabalhadores de áreas essenciais, pessoas com diabetes ou grupos acima de 70 anos de idade. Na sequência, as relações entre as redes são apresentadas, explicando como se conectam os indivíduos de cada uma das redes e mostrando que todos estão de alguma forma interligados. O conceito de *laços fracos* de Granovetter, apresentado no capítulo anterior, explica o porquê dessa interligação: um determinado indivíduo, quando infectado com o vírus, torna-se um agente de transmissão e, enquanto essa rede estiver com conexões ativas, mesmo que por laços fracos, a possibilidade de disseminação é muito alta. Como resultado, todas as bolhas acabam sendo afetadas e o contágio se alastra através dessas conexões.

---

[52] WILES, Siouxsie. "Siouxsie Wiles & Toby Morris: why those bubbles are so important". *The Spinoff*. 1 de abril de 2020. Disponível em: <https://thespinoff.co.nz/covid-19/01-04-2020/siouxsie-wiles-toby-morris-why-those-bubbles-are-so-important/>. Acesso em 17 de maio de 2021.

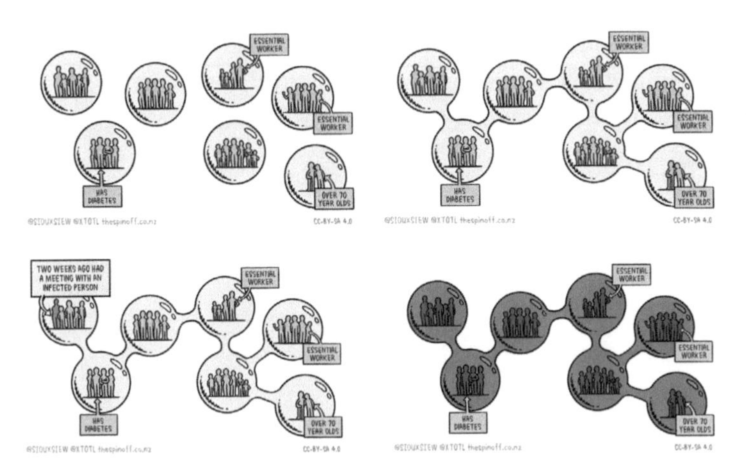

Figura 17. Ilustração no site thespinoff.co.nz criada por Toby Morris e Siouxsie Wiles[53] que explica a transmissão do coronavírus.

Uma sociedade organizada em rede é um acelerador de interações, mas, quanto mais rápidas as conexões, também maior é a probabilidade da disseminação de um vírus biológico. No mundo da informática, um antivírus precisa ter informações sempre atualizadas sobre o sistema, caso contrário sua velocidade e efetividade serão seriamente afetadas pela dinâmica da rede. No caso de um vírus biológico, a analogia com o mundo da informática é perfeitamente possível: ao entender a forma de funcionamento das redes, temos a possibilidade de garantir maneiras mais seguras de interação dentro dos sistemas sociais, impedindo ou reduzindo os impactos de seu espalhamento.

[53] WILES, Siouxsie. "Siouxsie Wiles & Toby Morris: why those bubbles are so important". *The Spinoff*. 1 de abril de 2020. Disponível em: <https://thespinoff.co.nz/covid-19/01-04-2020/siouxsie-wiles-toby-morris-why-those-bubbles-are-so-important/>. Acesso em 17 de maio de 2021.

Falhamos em entender esse funcionamento. A propagação descontrolada do coronavírus em muitos países e a declaração do estado de pandemia foram as consequências dessa falha.

SISTEMAS DE INFORMAÇÃO

A tecnologia da informação como aliada na defesa da sociedade.

A reorganização dos sistemas sociais costuma ocorrer de forma natural, sem um planejamento ou articulação. Mas quando existe a necessidade de proteger as pessoas de um vírus transmissível, o poder computacional e sistemas de informação de boa qualidade são importantes aliados no combate à propagação do vírus. Durante uma pandemia, o indivíduo se torna um tomador de decisões e, consequentemente, um agente de transmissão, e aqueles que ainda são responsáveis por suas famílias, funcionários ou atuam na esfera governamental ainda carregam uma responsabilidade adicional: a de proteger as vidas de outras pessoas.

As decisões de alguém que ocupa essa posição irão, inevitavelmente, interferir em diferentes redes. Em um cenário caótico, a informação para tomada de decisão precisa ser confiável e amigável, afinal muitas pessoas serão impactadas direta e indiretamente por tais ações. Os pensamentos científico e crítico por trás dessas tomadas de decisão não fazem parte da rotina da maioria das pessoas: quando o assunto foge do senso comum, além de ter qualidade, é necessário que a informação seja autoexplicativa, acessível a diversas camadas sociais, afinal nem todos são capazes de decodificar a linguagem científica.

Existem muitas bases de dados e informações que podem ser usadas durante uma pandemia. São dados sobre o vírus, sobre a propagação da doença, sobre o comportamento da sociedade, sobre o deslocamento e isolamento das pessoas entre outros. Essas bases de informação precisam ser preparadas por especialistas, afinal o tratamento dos dados relacionados às formas de propagação de um vírus precisa, obviamente, ter a curadoria de especialistas no assunto, caso contrário o resultado irá se resumir a um conjunto de informações de baixa qualidade para compor os sistemas de informação.

Durante a pandemia da covid-19, movidos pela ânsia de identificar uma rápida solução para a disseminação da doença pelo mundo, muitas informações distorcidas e de má qualidade foram propagadas e deram suporte a más decisões, obviamente gerando instabilidade na relação dos decisores com as pessoas afetadas por essas escolhas. Sistemas de informação são fundamentais em uma crise, já que líderes podem ser substituídos, mas o processo decisório precisa ser estável e seguro. Sem um sistema estável para sustentar esse processo decisório, torna-se muito difícil fazer escolhas melhores ao longo do tempo.

No caso das análises de redes, um sistema de informação tem o potencial de traduzir o impacto de um vírus no ecossistema, rastreando a influência de cada variável existente, medindo assim o impacto e efeito na rede. Ao observar diagramas (figura 18) de redes de infecção do coronavírus em Singapura e Tianjin[54], podemos observar o comportamento da propagação da doença e analisar os *clusters* organicamente

[54] TINDALE, Lauren C. et al. "Evidence for Transmission of COVID-19 Prior to Symptom Onset". *eLife*. 22 de junho de 2020. Disponível em: <https://elifesciences.org/articles/57149>. Acesso em 17 de junho de 2021.

formados. Com essa informação em mãos, é possível o monitoramento e rastreabilidade do vírus, ou seja, ela serve de suporte para decisões baseadas e evidências.

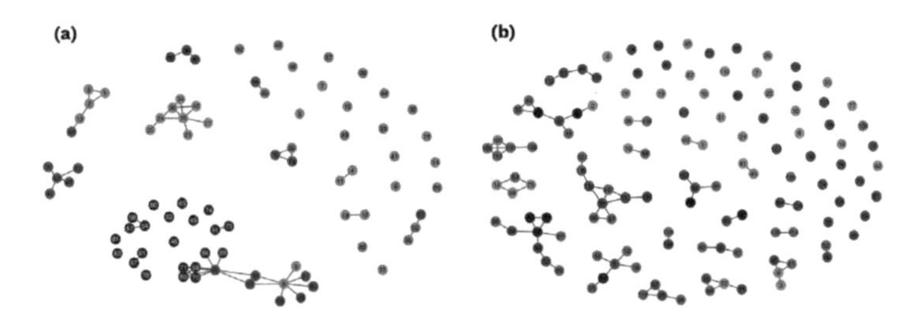

Figura 18. Diagramas de redes de infecção do coronavírus em Singapura e Tianjin em "Evidence for transmission of COVID-19 prior to symptom onset" no site Elife Sciences".

Assim como os governantes de Tianjin e Singapura observaram os dados para decifrar o comportamento dessas redes, definindo ações rápidas para conter a evolução do vírus, muitos outros líderes ao redor do mundo monitoraram em tempo real as redes de suas cidades, estados e países através de *dashboards* espalhados em salas especialmente criadas para lidar com a crise instalada. Esses poderosos sistemas de informação exigiram esforços conjuntos de universidades, centros de pesquisas, governos e mercado, que trabalharam ininterruptamente para transformar dados brutos em informações que pudessem dar algum tipo de suporte às decisões. Tive a oportunidade de acompanhar e colaborar diretamente com alguns desses projetos e posso afirmar que nunca vi um nível de integração e senso de urgência tão grande para utilização de ciência aplicada. Alguns tomadores de decisão optaram por desconsiderar os sinais que os dados mostravam e fizeram escolhas baseando-se em crenças individuais ou premissas políticas, mas confesso que isso não é surpreendente, afinal as pessoas, de forma geral, não estão acostumadas a usar dados para tomar decisões no seu dia a dia.

Segundo Charles Duhigg, autor do livro *O Poder do Hábito*, ter informação demais é tão perigoso quanto não ter informação, pois as escolhas tornam-se muito mais difíceis. O excesso de informação é nocivo e algo muito arriscado, por isso a necessidade de estabelecer sistemas de inteligência, que ajudam no processo de tratamento, redução e automação da informação de qualidade.

Os sistemas de informação bem estruturados ajudam a reduzir a quantidade de informação. Análises avançadas ajudam a investigar os acontecimentos e explicar o que está acontecendo. Já os *dashboards* são instrumentos para automatizar as análises, permitindo também o consumo de informação em tempo real. Algoritmos podem organizar os aprendizados e recomendar ações em uma velocidade que os humanos não têm. A inteligência artificial, através do advento do aprendizado de máquina, pode garantir o incremento de conhecimento e assim reduzir os riscos de decisões futuras em razão das lições já aprendidas. Mas esses sistemas, para serem efetivos, precisam de maturidade e regras muito claras, algo impossível de acontecer durante a urgência de uma pandemia. Na contramão da urgência, a informação de qualidade pode levar tempo para ser concebida.

Medidas como distanciamento social, fechamento de fronteiras, entre outras com diferentes impactos, precisam ter unidades de medida para que se entenda sua efetividade. Através de sistemas de informação bem estabelecidos, os parâmetros são constantemente ajustados e o monitoramento das métricas torna-se um poderoso instrumento para dar segurança às decisões. Um algoritmo, por exemplo, não nasce sem erros.

O uso contínuo desse sistema, com incremento constante na base de dados, ensina novas regras ao modelo de recomendação, e isso aperfeiçoa o processo de decisão autônomo. É possível uma recomendação de reorganização social baseando-se em informação de qualidade e o aprendizado oriundo do monitoramento das redes pode ajudar a determinar a melhor direção a se tomar para garantir a proteção de vidas durante uma pandemia.

Através do monitoramento constante de uma rede é possível interromper um vírus que esteja se propagando, mas precisamos também avaliar melhor as maneiras como esse mecanismo é posto em prática.

MONITORAMENTO DE REDES

Redes monitoradas: controle, poder e ética.

Um sistema eficiente de monitoramento pode ser algo muito poderoso, ainda mais quando utilizamos os atuais recursos da tecnologia da informação. A internet nos trouxe muitas possibilidades, mas o principal sistema de monitoramento do mundo já está em nossas mãos: os smartphones. Eles possibilitam a identificação da sua localização atual, sendo uma comodidade quando você pede uma pizza, um *Uber* ou qualquer serviço que exija o registro da sua posição.

Esse recurso também pode ser utilizado para o monitoramento social durante uma pandemia. Em uma situação na qual a propagação do vírus ocorre através de interações sociais, é possível identificar a posição de um indivíduo que tenha realizado um teste de covid-19, rastreando assim as atividades daquela pessoa. Como isso ocorre em larga escala, pois cada um carrega o seu próprio smartphone, é possível analisar a distância entre os indivíduos que circulam em uma determinada região e calcular o risco de transmissão naquele local. O simples resultado de um teste e o número do telefone são o suficiente para fazer a análise da rede de transmissão através de informações de deslocamento individual, distanciamento social e tantos outros registros que permitiriam um monitoramento da circulação dos indivíduos.

Foi usando desse recurso que a Coreia do Sul ativou centrais de monitoramento de dados para controle do distanciamento social. A partir da identificação dos indivíduos, as redes foram monitoradas de forma permanente, permitindo assim que o governo estabelecesse uma política de defesa civil a partir de monitoramento de dados em tempo real, dados que eram visualizados em formato de análises de redes. Essa abordagem possibilitou a aplicação de modelos matemáticos que calculavam o risco para determinados grupos e a propensão de disseminação do vírus ao longo da evolução do contágio. A eficiência desse modelo de monitoramento pode ser aperfeiçoada a cada incremento de novos registros, como dados de localização, informações sobre testagem, regiões com maior risco de contágio. Com incremento contínuo desse tipo de informações, os modelos podem se tornar cada vez mais inteligentes.

O uso de modelos matemáticos para observação de distâncias sociais não é uma técnica nova. A teoria dos graus de separação é antiga: testada de forma analógica, tinha o objetivo de entender o funcionamento das redes sociais. No livro *Seis Graus de Separação*, Duncan J. Watts[55] demonstra o funcionamento dessa teoria e de sua evolução através da aplicação de técnicas matemáticas que possibilitaram a criação de novas ferramentas para medir o distanciamento entre as pessoas em uma rede. Um estudo feito dentro da rede social *Facebook* afirma que as pessoas estão a 3,46 graus de separação

---

[55] WATTS, Duncan J. *Six Degrees: The Science of a Connected Age*. W.W. Norton & Company, 2003.

de qualquer outro indivíduo nos Estados Unidos.[56] Através da aplicação de métodos como esse, que misturam tecnologia e matemática, é possível criar uma visualização completa das conexões das redes, possibilitando inclusive o monitoramento das movimentações desses indivíduos e seus pontos de contato com outras pessoas.

Vamos analisar o potencial desse método em uma crise global, como uma pandemia. Em um contexto no qual um vírus biológico se propaga por redes não monitoradas e cada indivíduo carrega em suas mãos dispositivos que possuem a funcionalidade de localização disponível, empresas de telecomunicações são convocadas para apoiar nas ações de defesa social, uma vez que elas possuem informação de localização em tempo real dos indivíduos. Leve também em consideração que, neste contexto, governos estão sendo pressionados para tomarem medidas de contenção à disseminação do vírus: eles controlam os testes de covid-19 e cada indivíduo testado é registrado no sistema. Quando os dados de localização são cruzados com os registros de testes realizados pelos indivíduos, é possível criar uma visualização da rede de infectados e então um mapa de risco baseado nos pontos de contato. Este é um poderoso recurso, com potencial de interromper a circulação de um vírus transmissível, mas apenas se essas informações forem usadas de forma eficiente. Como esses dados são coletados e analisados em tempo real, é possível a criação de um plano de ação de alta precisão, atuando diretamente nas redes com maior risco potencial.

---

[56] EDUNOV, Sergye *et al.* "Three and a half degrees of separation". *Facebook*. 4 de fevereiro de 2016. Disponível em: <https://research.fb.com/blog/2016/02/three-and-a-half-degrees-of-separation/>. Acesso em 17 de maio de 2021.

É nesse ponto que a tecnologia invade a privacidade dos indivíduos, pois esse uso dos dados pessoais não foi especificado na aquisição do serviço. Por mais que o motivo pareça nobre, pois salvar vidas é uma premissa (ou deveria ser) de qualquer governante ou líder, o direito à privacidade ainda deve ser garantido. Empresas de tecnologia já desenvolveram sistemas e aplicativos que permitem a ativação de serviços de rastreabilidade de maneira espontânea, ou seja, aquelas pessoas que têm interesse de fornecer seus dados, e querem saber a localização de outras pessoas que também estão dispostas a liberarem essas informações, podem monitorar o deslocamento.

Essa tecnologia é empregada quando você solicita um serviço de tele-entrega e ativa a opção de visualizar o pedido em deslocamento ou então quando utiliza um transporte por aplicativo. Ambos os casos permitem a rastreabilidade dos indivíduos envolvidos nesse processo. Quando utilizada para conter a propagação de um vírus transmissível, essa tecnologia possibilita, em tempo real, que você descubra a que distância se encontra de alguém que está infectado com o vírus. Quando isso é aplicado como um serviço instalado em seu smartphone, o que torna sua ativação opcional, torna-se possível o monitoramento completo das redes de contágio.

O debate ético envolvido nesse tipo de monitoramento é composto por diversas variáveis que precisam ser profundamente debatidas: privacidade individual, diferenças sociais, propriedade dos dados, forma de uso da informação, entre tantas outras. Por outro lado, considerando o contexto de uma pandemia global, é preciso pensar nesta possibilidade tecnológica como uma forma possível de interromper a propagação de um vírus.

O processo de monitoramento das redes realizado na Coreia do Sul ao longo da pandemia utiliza métodos avançados para o rastreamento de contatos.[57] Quando enfrentaram o surto de MERS, em 2015, as análises e ações não foram eficientes, mas serviram como base de aprendizagem para lidar com a pandemia declarada em 2020. Para a investigação e gerenciamento da propagação do Covid-19, foram utilizados os seguintes métodos e recursos tecnológicos:

- Identificação da localização do indivíduo (e rota do paciente);
- Avaliação do risco de exposição;
- Classificação do indivíduo;
- Gerenciamento do contato do indivíduo com grupos (redes).

Com um protocolo bem definido (figura 19), totalmente orientado por dados, foram utilizados recursos como entrevistas individuais, investigação do histórico de uso de instalações médicas, GPS (geolocalização), registro de transações de cartão de crédito e circuitos fechados de TV (CCTV ou *closed-circuit television*). Tais medidas serviram ao monitoramento do comportamento da rede, simulação de cenários e contenção da disseminação do vírus.

A avaliação do risco de exposição considerou as entrevistas individuais, rota de transmissão da doença, informações do paciente e características do ambiente. Com base nos resultados dessa avaliação, os indivíduos foram classificados

---

[57] COVID-19 National Emergency Response Center, Epidemiology & Case Management Team, Korea Centers for Disease Control & Prevention. Contact Transmission of COVID-19 in South Korea: Novel Investigation Techniques for Tracing Contacts. 2020. Disponível em: <https://www.ncbi.nlm.nih.gov/pmc/articles/PMC7045882/>. Acesso em 17 de maio de 2021.

e agrupados com base no tipo de relações sociais mantidas. Dependendo da exposição ao vírus, um protocolo de monitoramento contínuo de sintomas era implementando, adicionado por regras restritivas de movimentação urbana. As restrições de movimento social seguiram determinações da saúde pública do país e o monitoramento era classificado como ativo ou passivo, dependendo do risco de exposição ao vírus da rede a qual aquele indivíduo se conectava.

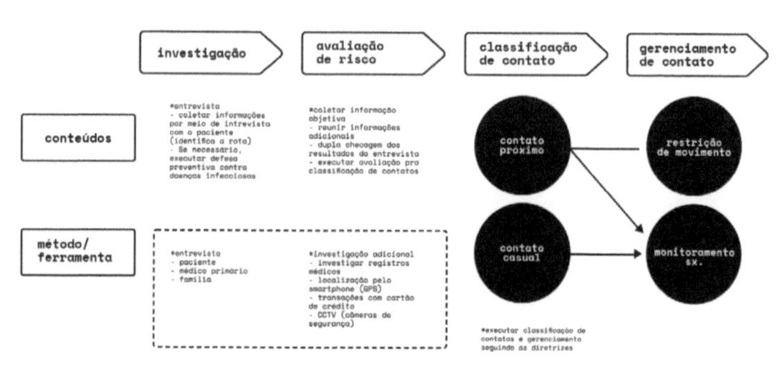

Figura 19. Abordagem passo a passo no monitoramento de contatos quando um paciente com covid-19 era detectado na Coréia do Sul.

A partir desse método, o Centro de Controle e Prevenção de Doenças da Coreia do Sul contou com o apoio de informações em tempo real para a investigação epidemiológica com objetivo de conter e prevenir a proliferação da covid-19 em 2020. Foi criado também um sistema de comunicação mais efetivo para a população, disponibilizando informações atualizadas sobre a evolução da pandemia.

No entanto, alguns dos dados utilizados não respeitam regras relacionadas à privacidade dos indivíduos. Por exemplo, a divulgação da rota de indivíduos infectados de forma pública em sites da internet. Apesar dos benefícios de informações precisas para lidar com o vírus, é necessária a criação de protocolos que protejam a privacidade da população. As regras relacionadas à exposição das informações dos indivíduos e uso desses dados devem respeitar sua privacidade, mesmo quando se trata de uma doença infecciosa. O uso de dados pessoais é um recurso riquíssimo, que sem dúvida pode salvar vidas durante uma situação de calamidade sanitária, mas os critérios de utilização desses dados precisam ser muito claros para toda a sociedade.

Através da análise de redes, com processos sistemáticos, princípios científicos, tecnologia da informação em tempo real, a investigação epidemiológica e ação de contenção de ameaças biológicas pode ser tratada de forma muito mais efetiva. Mas, para tanto, a população precisa ser mais bem informada sobre os fatores envolvidos nesse tipo de monitoramento, sejam eles tecnológicos ou éticos.

REORGANIZAÇÃO SISTÊMICA

Como reorganizar
a sociedade

- O monitoramento das redes utilizando tecnologia da área informacional pode ser utilizada para fins escusos, caracterizando o que se chama de *engenharia social*;
- Realizando a reengenharia das redes a partir de modelos matemáticos, pode-se isolar os pontos de risco, criando assim um ambiente mais seguro para as redes. O método O-Q-V (*Observar, Qualificar* e *Visualizar*), utilizado no Instituto Cappra, é uma das muitas ferramentas possíveis de serem aplicadas;
- Como a reengenharia altera a própria natureza das redes, a tendência é que o sistema, utilizando tecnologia informacional para coleta e análise de dados que gerem informações relevantes e seguras, readeque-se para estar menos vulnerável a ameaças futuras – como outra epidemia causada por um agente biológico.

RASTREAMENTO DE CONTATO

Rastreamento de contato e o controle dos governos sobre as redes.

O rastreamento de contato (*contact tracing*) não é algo novo. Nos Estados Unidos, por exemplo, profissionais são contratados pelo serviço de saúde pública para realizar um trabalho de monitoramento através de ligações telefônicas. O objetivo é identificar indivíduos que tiveram contato com algum tipo de doença transmissível e, assim, identificar o potencial de disseminação de algum tipo de vírus. A atividade desses profissionais consiste, basicamente, em construir uma rede de conexões entre as pessoas, geralmente administrada em forma de listas, para monitorar uma possível ameaça à saúde pública, rastreando os agentes de transmissão, e agindo na contenção da ameaça. Mas pouco sabíamos do trabalho desses profissionais antes da pandemia da covid-19.

O motivo de poucas pessoas conhecerem esse trabalho está diretamente relacionado ao alcance de tal atividade. Como ele é realizado através de ligações telefônicas, e o monitoramento ocorre através de listas individuais, o resultado mais comum dessa abordagem é a chamada telefônica não ser atendida e o profissional não conseguir obter as informações para compor a investigação daquela determinada rede. Podemos dizer que essa é uma versão analógica do que a Coreia do Sul fez durante a pandemia. O objetivo costuma ser o mesmo: construir um sistema de informação que permita a visualização das redes mais vulneráveis para, com isso, tomar medidas de contenção de propagação de um determinado vírus. O principal fator que diferencia essas duas formas de realizar a coleta de dados é a abordagem em si.

Um funcionário do governo ligar para o seu telefone, perguntando como você está se sentindo, pedindo seus dados pessoais, solicitando nome e telefone de contatos próximos, pode parecer algo extremamente invasivo. Mas quando essas informações são coletadas diretamente de nossos dispositivos móveis, aumenta-se a amplitude da coleta de dados sobre os indivíduos, o que permite análises avançadas sobre as redes e conexões, com potencial de uso dessas informações em tempo real. Todo esse processo ocorre de forma "invisível".

Com os atuais recursos disponíveis na área de tecnologia da informação, como armazenamento de dados praticamente ilimitado, alta velocidade no processamento de informações através de máquinas, análise de grande volume de dados em milésimos de segundos (que possibilitam uma visualização de rede completa de contatos) e a projeção matemática do risco em poucos cliques, acelera-se a produção de informação para a tomada de decisões. Mas é na invisibilidade desse processo que está o maior risco para a privacidade dos usuários.

O fato desse poderoso recurso estar à disposição de organizações e governos gera um debate amplo[58], afinal ele também

---

[58] KHAZAN, Olga. "The most American COVID-19 failure yet". *The Atlantic*. 31 de agosto 2020. Disponível em: <https://www.theatlantic.com/politics/archive/2020/08/contact-tracing-hr-6666-working-us/615637/>. Acesso em 17 de maio de 2021.

pode ser utilizado de forma inadequada, caracterizando o que se chama de engenharia social. Esse termo é geralmente utilizado para categorizar ataques virtuais em que há roubo de informações pessoais dos usuários para manipulá-los. Esse tipo de crime se tornou muito comum com a expansão do uso da internet. Você certamente já recebeu alguma mensagem no seu e-mail ou smartphone solicitando que alterasse a senha de sua conta bancária. Na maior parte dos casos, essas mensagens originam-se da ação de hackers tentando realizar um golpe financeiro.

Com a manipulação criminosa de informações do monitoramento de rede, também é possível aplicar algum tipo de golpe nas pessoas de seu círculo social, como a chegada de um pedido de ajuda financeira de um amigo da sua lista de contatos que teve os dados roubados. Essa prática pode afetar outros patamares de nossa vida social. Exemplo disso são as *fake news* que podem influenciar inclusive o voto em um processo eleitoral. Esse tipo de manipulação social foi observado por pesquisadores durante as eleições americanas em 2016[59]: um em cada quatro americanos acessou sites de notícias falsas durante a corrida eleitoral estadunidense daquele ano.

Durante a pandemia, a proliferação de notícias falsas em grupos de conversa e plataformas sociais ocorreu em larga escala, muitas vezes por descuido de quem compartilhava as informações. Mas também foi realizado de forma proposital, para influenciar o debate público a respeito de medicações ou curas milagrosas. Assim como um vírus biológico, as notícias

---

[59] DARTMOUTH. New study presents analysis of fake news consumption during the 2016 presidential campaign. 2018. Disponível em: <https://www.dartmouth.edu/press-releases/analysis_of_fakenews_2016_presidential_campaign.html>. Acesso em 17 de maio de 2021.

falsas utilizam das conexões das redes para se espalharem. Quando esse fenômeno ocorre simultaneamente a uma ameaça biológica que se alastra ao redor do mundo, acaba por atingir uma população fragilizada e sedenta por receber informações que salvem suas vidas. Isso é extremamente perigoso, pois certamente influencia a tomada de decisão desses indivíduos.

O rastreamento de contato pode gerar informações cruciais para proteger a sociedade no caso da propagação de um vírus de transmissão social, mas caso os dados dessas redes estejam em posse de pessoas mal-intencionadas, podem ser usados para a manipulação da opinião pública. No caso de um vírus que se alastra velozmente, quando o rastreamento de contato é realizado de forma analógica, por profissionais fazendo chamadas telefônicas para indivíduos quase que aleatoriamente, os resultados serão obviamente pífios. A gestão de uma rede e a reengenharia das formas de conexão entre as pessoas pode sim ser um fator de defesa social, mas os limites éticos precisam ser bem estabelecidos e respeitados. Esse tipo de informação é um privilégio para os governantes, já que permite um controle social centralizado. No entanto, cada indivíduo deve ter o direito à escolha de fornecer seus dados de forma segura e acessar informações daqueles que desejam compartilhá-las, mesmo que anonimamente, já que esse é um poderoso recurso de apoio a decisões que protejam as redes sociais e, consequentemente, as vidas das pessoas que as compõem.

REENGENHARIA DAS REDES

Como a tecnologia e a ciência vão salvar a *próxima* geração.

Durante a epidemia da gripe espanhola, em 1918, não existiam sistemas de informações ágeis e eficientes para comunicar a população mundial do que estava ocorrendo. Todas as ações de proteção foram elaboradas e guiadas sem muito embasamento. Naquele momento, a ciência não tinha sequer como colaborar com a proteção da humanidade enquanto a doença se alastrava, pois o vírus *influenza*, agente responsável pela gripe espanhola, foi descoberto somente em 1930.[60] No entanto, aquele foi um momento fundamental para a evolução da ciência e da medicina. Em razão da epidemia, novos métodos foram desenvolvidos, ou seja, o *influenza* serviu para expor as limitações da ciência e gerar um movimento pró-ciência para

---

[60] Cf. Eugenia Tognotti, "Scientific triumphalism and learning from the facts: bacteriology and the spanish flu challenge of 1918", Social History of Medicine,Vol. 16, nº 1, Oxford, 2003, pp. 97-110; [Links]Alfred Crosby, The America's forgotten pandemic: The influenza of 1918, 2ª ed., Cambridge, Cambridge University Press, 1999; Gina Kolata, Flu: The History of the great influenza pandemic of 1918 and the search for the virus that caused it, London, Macmillan, 2000.

o futuro.[61] Em 2020, o vírus responsável por causar a covid-19 foi sequenciado em tempo recorde e o RNA do vírus foi decodificado em apenas 2 dias (um processo que, geralmente, levaria 15 dias para acontecer[62]). Da mesma forma que a ciência médica desenvolveu novos métodos e abordagens em razão de epidemias, a ciência de redes também mudou e se expandiu: cientistas criaram novas formas de reorganizar a sociedade visando proteger a todos em caso de novas ameaças.

A reengenharia do funcionamento das redes a partir de modelos matemáticos pode funcionar como um poderoso "antivírus" para a sociedade no caso de uma ameaça biológica. Remodelando a rede, pode-se isolar os pontos de risco, criando assim um ambiente mais seguro para as pessoas, algo muito similar ao que ocorre com as proteções para vírus que se propagam por redes de computadores. Os sistemas de detecção de ameaça serão mais precisos quanto mais informações obtiverem sobre o funcionamento das redes e, por essa razão, os sistemas de rastreamento irão se tornar algo comum daqui para frente. Assim como a proteção de um computador, cada indivíduo será responsável por ativar seu próprio *software* de monitoramento de risco e aqueles que não aderirem assumirão a responsabilidade por uma possível contaminação, seja sua ou de pessoas próximas. A reengenharia é possível através da coleta de mais informações de cada rede, permitindo

---

[61] SILVEIRA, Anny Jackeline Torres. "A medicina e a influenza espanhola de 1918". Niterói: *Tempo*, v. 10, n. 19, p. 91-105, dezembro de 2005. Disponível em: <https://www.scielo.br/scielo.php?script=sci_arttext&pid=S1413-77042005000200007#end3>. Acesso em 17 de maio de 2021.

[62] REVISTA BRASIL. Brasil faz sequenciamento do genoma do Covid-19 em tempo recorde. 3 de março de 2020. Disponível em: <https://radios.ebc.com.br/revista-brasil/2020/03/sequenciamento-do-genoma-do-covid-19-em-tempo-recorde-e-passo-enorme-para>. Acesso em 17 de maio de 2021.

a personalização da ação em cada conexão ativa. Cada indivíduo terá o poder de proteger sua própria rede, com controle total das informações que deseja disponibilizar, já que isso não deve se tornar uma forma de controle da sociedade, mas deve ser sim uma opção de proteção para cada pessoa, família e rede. Um antivírus ativo, gerando informações em tempo real sobre o status da rede, é um recurso fundamental para proteção da humanidade de novas ameaças biológicas. Temos à nossa disposição a ciência e a tecnologia para efetuar ações do tipo, mas precisamos também educar a sociedade para o melhor uso desses recursos.

Na pandemia da covid-19, a forma que as pessoas encontraram para se proteger foi o distanciamento social, mas ele não foi eficiente porque não havia informações suficientemente qualificadas para tomada de decisões. Dessa forma, a proteção se baseou no isolamento e no fortalecimento de famílias nucleares.[63] Na maioria dos países afetados pelo vírus, as redes foram tratadas como em pandemias anteriores: com ações não planejadas para reorganização da sociedade, resultando em muitas vidas perdidas e um impacto econômico devastador. Apesar da existência de muita informação sobre a evolução do vírus, as decisões em relação à proteção das redes e indivíduos foram tomadas de forma aleatória. Com dados sobre as redes, como os usados nos casos de Singapura e da Coreia do Sul, o tipo de ação realizada poderia ter sido muito mais efetiva no mundo todo, inclusive com mensuração do sucesso de cada decisão, o que permite reavaliação e tomadas de ação estruturadas. A partir de agora, os sistemas de proteção de redes serão melhorados, métodos de reorganização social serão mais

---

[63] VOLO, James M. *Family Life in 17th- and 18th-Century America*. Greenwood, 2005.

efetivos, pois serão criados com recursos da ciência de dados, com análises avançadas das redes e uso pleno da tecnologia da informação para proteger e beneficiar a sociedade. Através da aplicação da ciência das redes, será possível ter informação suficiente para a adoção de medidas personalizadas, e individuais, que barrem a proliferação de um vírus como o coronavírus. Alguns desses métodos já são utilizados no dia a dia dos negócios. No Instituto Cappra, aplicamos um método que chamamos de O-Q-V. Com ele é possível fazer uma melhor gestão das decisões usando dados como recursos primários, ou seja, as decisões são orientadas por tais dados.

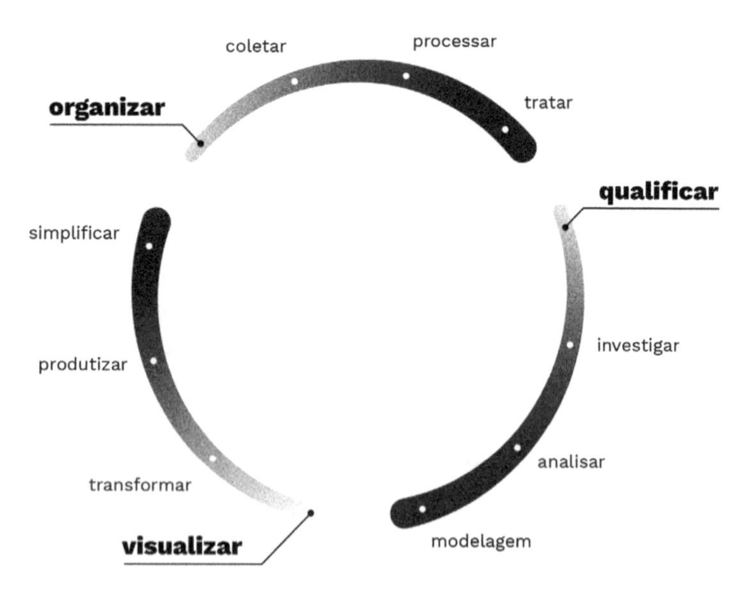

Figura 20. Método O-Q-V do Instituto Cappra.

Demonstração do método O-Q-V — Organizar, Qualificar e Visualizar.

- Organizar: nessa fase do ciclo de transformação, mobiliza-se a tecnologia para coletar, processar e tratar os dados;
- Coletar: coleta e armazenamento de dados. Nessa fase, são realizadas atividades relacionadas aos bancos de dados, com a captura da informação ocorrendo através dos mais diversos meios. O armazenamento dos registros é realizado para posterior utilização;
- Processar: processamento dos dados e primeira classificação da informação. Nessa fase, ocorre a limpeza dos dados, classificando-os pelos tipos e organizando-os no banco de dados para que sejam depois acessados facilmente. Em tempos de grandes volumes de dados (*big data*), essa fase tornou-se fundamental para a otimização do uso da informação;
- Tratar: tratamento dos dados e preparação para análises. Nessa fase da organização são criados mecanismos de acesso rápido aos dados armazenados, permitindo que a fase de qualificação e transformação em informação não exija um esforço grande na organização dos dados na fase posterior;
- Qualificar: nessa fase ocorre a transformação do dado em informação qualificada. Essa é a etapa que exige o uso de ciência no processo: aqui, são utilizados modelos matemáticos avançados para criação de sistemas de informação;
- Investigar: a investigação consiste na busca por padrões normalmente não identificados através do simples processamento dos dados, sendo papel dos cientistas de dados identificar esses padrões e as anomalias através do uso de modelos matemáticos avançados;

- Analisar: a análise é fase de exploração dos dados relevantes para transformação em informação qualificada. A construção de diferentes abordagens para os dados permite a criação de visões inéditas, efetivamente construindo informação de qualidade e utilizável;
- Modelagem: a partir da informação constituída, é o momento de modelá-la para uso. Nessa fase, a sistematização da informação é concebida para que a fase da visualização seja mais eficiente;
- Visualizar: a fase de visualização é a que viabiliza o uso dos dados por tomadores de decisão, principalmente através de técnicas de design da informação, ou seja, transformar, produtizar e simplificar;
- Transformar: transformar os dados em informações visuais é uma etapa fundamental do processo, pois isso facilita o consumo por parte de quem utiliza aquela informação para decisões. Nessa etapa, normalmente ocorre a concepção da representação visual da informação que será consumida;
- Produtizar: esse termo é utilizado para definir como uma determinada informação chegará até as mãos dos tomadores de decisão. Os formatos mais conhecidos são os relatórios, análises, *dashboards*, algoritmos e inteligências artificiais. Nessa etapa, ocorre a concepção desses produtos;
- Simplificar: a experiência no consumo da informação é algo fundamental quando se fala da tecnologia. Quanto mais amigável e acessível, mais eficiente será o consumo de informações por parte do tomador de decisão.

A partir desse fluxo implantado, a segurança de uma rede pode ser gerida através de informações e evidências, e não mais utilizando convicções pessoais, individualizadas, como elemento-chave. As redes podem ser reorganizadas a partir do seu próprio núcleo, sem dependência de agentes externos que geram interferência e ruído no processo de decisão, pois a informação qualificada fica à disposição dos próprios indivíduos inseridos na rede. A democratização desse tipo de informação é um fator libertador para tomada de decisão das pessoas, que assim poderão criar mecanismos de proteção social baseando-se em suas próprias conexões.

Um alerta é necessário: a partir da adoção de modelos avançados na gestão de redes, a desigualdade social irá aumentar. O poder sempre girou em torno daqueles que têm as melhores informações a seu dispor. Por essa razão, a desigualdade vem aumentando nos últimos anos, pois os recursos disponíveis para gestão de conhecimento e de tecnologia da informação estão concentrados em poucos grupos e indivíduos. Esses grupos tomam decisões baseando-se em dados que os outros não conhecem. Redes com melhores recursos irão optar por métodos mais efetivos de defesa social e os indivíduos irão fornecer dados para que sistemas de aprendizado de máquina processem em alta velocidade e recomendem as melhores opções (nesse caso, as escolhas mais seguras), afinal isso poderá salvar a vida deles e de seus pares.

Isso já ocorre atualmente com empresas que utilizam sistemas de geolocalização. Por exemplo, alguns serviços de transporte criam "bolhas de segurança", identificando as áreas onde os motoristas de aplicativos não devem circular, como no caso de favelas e outras áreas periféricas no Brasil.[64] Esse

---

[64] OLIVEIRA, Regiane. "Quando seu bairro é definido como zona de risco por um app de transporte". *El País*. 10 de janeiro de 2020. Disponível em: <https://brasil.elpais.com/sociedade/2020-01-10/quando-seu-bairro-e-definido-como-zona-de-risco-por-um-app-de-transporte.html>. Acesso em 17 de maio de 2021.

mecanismo, criado para dar proteção para alguns, penaliza outras pessoas que precisam do transporte nessas regiões. Esse fator eleva a desigualdade social, pois torna o serviço restritivo, criando barreiras e distanciando outros pontos das redes. Algo semelhante pode ocorrer com um sistema de saúde parametrizado para proteger uma determinada rede. Com mais informações sobre os indivíduos, será possível restringir os limites de segurança através de distanciamento controlado. Por outro lado, isso irá criar barreiras para aqueles que não têm acesso a esses sistemas. A tecnologia e a ciência são instrumentos muito poderosos, mas, quando limitados a alguns privilegiados, tornam-se potencializadores de desigualdade social. É papel da sociedade, das organizações e dos governos criarem meios de democratização do acesso aos instrumentos de proteção de vidas.

No esquema a seguir, explico como ocorre esse tipo de gestão de redes, um recurso que pode proteger a sociedade através de sistemas de informação, mas também pode aumentar os índices de desigualdade social quando utilizados de forma inadequada. Podemos ver na representação que um dos grupos (a) é uma rede onde nenhum indivíduo é monitorado; nesse caso, como não existem informações qualificadas sobre ela, é automaticamente classificada como não segura. No caso de uma rede totalmente monitorada (b), o sistema de informação atualiza o status de proteção como se fosse um antivírus, informando os integrantes e garantindo assim a segurança deles. Já no caso de uma rede monitorada onde um dos indivíduos não disponibiliza informações (c), ela pode ser considerada uma rede de risco, já que ali pode ocorrer a proliferação de um vírus sem o prévio conhecimento dos indivíduos conectados.

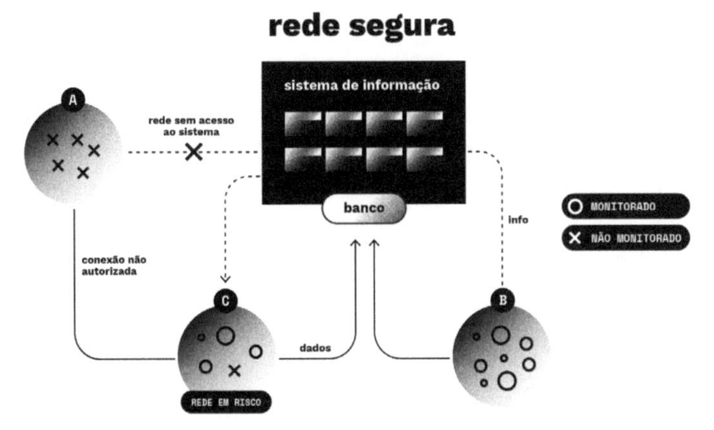

Figura 21. Representação gráfica criada por Ricardo Cappra para ilustrar a gestão de segurança de redes baseadas em informação.

Esse modelo de gestão de redes que usa dados e tecnologia é uma evolução necessária. A sociedade não pode depender de imunidade de rebanho, que aleatoriamente salva vidas ao redor do mundo enquanto condena outras milhares à morte. Adotar essa estratégia desconsiderando ações diretamente nas redes (como a vacinação em massa) é pouco eficaz. No esquema apresentado acima, com o monitoramento ativo e ações pontuais em um agente contaminado da rede, pode-se garantir a proteção de todos aqueles que pertencem ao mesmo grupo do indivíduo infectado e, assim, interromper o ciclo de propagação do vírus.

O funcionamento das redes será diferente da próxima vez que a humanidade enfrentar uma pandemia. Com a ciência aplicada e a tecnologia da informação, a tomada de decisão para uma reengenharia das redes para proteção da sociedade será um recurso viável e amplamente disponível. A adoção dessa tecnologia será uma opção individual e qualquer pessoa com um smartphone em mãos poderá disponibilizar seus dados para ter acesso completo à rede em sua volta.

Empresas como *Google* e *Apple* já estão desenvolvendo suas plataformas de rastreamento de contato com recursos para administração e visualização das informações por parte dos integrantes das redes. Precisamos envolver todos nessa evolução, pois concentrar esse recurso nas mãos de poucos pode gerar exclusão em massa, favorecendo somente aqueles que têm acesso privilegiado a tais dados. Redes que podem tomar decisões utilizando informações atualizadas em tempo real se reorganizam rapidamente, protegendo-se enquanto uma ameaça biológica se espalha. Se informação de qualidade for disponibilizada para as pessoas, isso funcionará como um antivírus que protegerá a rede enquanto ela estiver sendo atacada. O impacto da ciência é amplificado e potencializado pela tecnologia, o que, em resumo, pode salvar muitas vidas.

A SOCIEDADE DO FUTURO

A reestruturação da rede modifica o funcionamento da sociedade.

São vários os fatores responsáveis por formação de redes. Todos esses fatores, interrelacionados, fazem girar as engrenagens do mundo social e do sistema.

Um desses fatores é o sistema econômico. Redes se formam em torno de negócios. Os negócios movimentam postos de trabalho, impostos, escolas, hospitais e o comércio. Logo, uma das principais engrenagens para o motor de movimentação das redes é a economia, pois ela possui força suficiente para conectar todos os pontos. No entanto, nos últimos anos, uma grande modificação ocorreu em razão da internet: postos de trabalho foram gerados a milhares de quilômetros de distância. Profissionais indianos são contratados por empresas americanas que distribuem seus produtos através de varejistas brasileiros. A rede, antes formada localmente, transformou-se em uma rede econômica global, o que reduz sua dependência da região onde ficam suas instalações físicas. Essas redes mudaram sua essência: as principais conexões, que antes tinham dependência local, passaram a se conectar de outra forma: por especialidades. Os profissionais de tecnologia estão conectados em suas redes formando *clusters*, assim como os profissionais de saúde ou do marketing. A formação desses *clusters* independe da localização física de cada um de seus componentes. Essa alteração no ecossistema gerou a necessidade da sociedade se adaptar: esse é um dos principais elementos da Transformação Digital. Essa mudança vinha ocorrendo de forma gradual em todas as partes do mundo, mas foi acelerada em razão da pandemia, que impactou o funcionamento de todas as redes ao redor do mundo.

Essa nova estrutura de rede cria ao seu redor um novo sistema econômico e social, no qual o ecossistema não depende mais da região onde está presente. A rede continua sendo influenciada por forças políticas, financeiras e sociais, mas sem necessariamente uma dependência territorial. São redes virtuais, com estruturas móveis e armazenamento em nuvem, ou seja, não exigem infraestrutura física local. Os trabalhadores do *Uber*, por exemplo, já não precisam nem de um computador para realizar seus serviços. Essas estruturas de rede virtual movimentam a economia global atualmente. Com isso, o capital social também está se espalhando através de conexões de redes cada vez mais distantes, transformando tudo que funcionava localmente em uma economia móvel. A estrutura da rede modifica a sociedade. Quando um ponto dessa conexão é modificado, o ecossistema todo ao seu redor também se altera, incluindo as relações econômicas e sociais.

Quando se enfrenta uma ameaça global, em que os parâmetros conhecidos para proteção já não servem mais, uma nova forma de viver surge. Foi o que a população mundial vivenciou durante a pandemia: as redes conectadas transmitiam informações em tempo real sobre o impacto do vírus na sociedade e nos negócios, mas os mecanismos de ação e tomada de decisão não foram eficientes para proteger as pessoas da melhor forma possível.

O forte impacto de um vírus biológico no mundo, conjugado ao fato de termos tanta tecnologia e informação disponível, alterou os parâmetros de funcionamento da sociedade. Listo, a seguir, alguns dos principais efeitos que vivenciaremos, assim como proponho algumas medidas a serem adotadas.

Redes sociais e econômicas reorganizadas

Quando o fator preponderante de potencialização das conexões e aceleração do movimento das redes é a tecnologia, diferentes tipos de dados pessoais tornam-se rastreáveis e os registros sobre a história do ecossistema ficam armazenados. Com o monitoramento completo dos movimentos da rede, utilizando modelos matemáticos avançados, é possível realizar projeções de alta precisão sobre como serão formadas as próximas conexões sociais.

Uma das formas de visualizar essa evolução das redes é através de grafos matemáticos que estudam as relações entre os elementos. Compreender como a formação das redes ocorre através da observação das características da estrutura, coeficiente de agrupamento e distância entre os pontos torna-se uma possibilidade real a partir da aplicação do pensamento analítico.

A *small-world network* é uma forma de rede que permite decodificar o comportamento das conexões. Através da observação, é possível mapear a relação entre os vértices mais próximos, permitindo a visualização do "pequeno mundo" que se forma entre os indivíduos conectados. Com o advento das conexões virtuais, esse "pequeno mundo" já não se limita a questões territoriais, ou seja, a relação física dos indivíduos não necessariamente interfere mais na aceleração da conexão que ocorre entre os pontos da rede.

Com isso, é possível admitir que as redes irão rapidamente se reorganizar daqui para frente. Serão redes mutantes, que modificam sua estrutura de acordo com a ocasião, criando um mundo paralelo para sobrevivência do ecossistema, movimento esse que pode ser monitorado e analisado na íntegra através dos dados. A reorganização da rede é um fenômeno orgânico que altera a economia e a sociedade em seu entorno instantaneamente; em alguns casos, isso pode significar o fortalecimento do comércio mais próximo da rede, em outros, pode levar as pessoas a comprarem produtos mais baratos através de lojas on-line, seja lá onde estão estabelecidas tais empresas, fato é que a rede se adapta ao novo momento. A fragilidade das redes está sendo dissolvida graças aos modelos estruturais possíveis e às tecnologias disponíveis. Ao fim da pandemia, um novo modelo se formará, cada vez mais preocupado com a proteção de suas conexões diretas.

Monitoramento das redes

Para garantir a segurança da rede, alguns ecossistemas estabelecerão protocolos de proteção para os agentes essenciais de suas conexões. No caso de um vírus biológico, manter informações atualizadas sobre a saúde dos integrantes é essencial. Planos de saúde, farmácias e governos já administram informações sobre a saúde das pessoas, mas essas informações costumam ser usadas para composição de tabelas de preços de medicamentos ou de planos de saúde. As empresas geralmente não têm acesso aos dados de saúde de seus colaboradores, mas, durante a pandemia, diversas organizações monitoraram ativamente a saúde dos indivíduos. Em alguns casos, foram solicitadas informações constantes sobre uma possível infecção por Covid-19 para, através disso, minimizar o risco para o restante da rede. Colaboradores com qualquer tipo de sintoma eram afastados e suas conexões diretas dentro da empresa eram submetidas aos testes para evitar que o vírus se espalhasse. Afinal, uma infecção em massa de funcionários tem alto potencial de comprometer o funcionamento do negócio.

Um exemplo disso ocorre no negócio de esportes coletivos. Na NBA, foi criada uma espécie de "bolha"[65] para que a rede ficasse segura e as competições fossem retomadas, afastando inclusive familiares e restringindo as relações sociais do grupo de controle. Esse grupo se limitava aos jogadores, técnicos, árbitros e alguns poucos assistentes. Enclausurada em hotéis fortemente isolados na cidade de Orlando, a NBA interditou espaços físicos e profissionais para proteção dos atletas, criando um cenário de isolamento social para proteger essa rede. Esse tipo de monitoramento precisou contar com a concordância dos atletas. Gerou-se uma bolha de proteção e assim se garantiu a continuidade do trabalho desse setor profissional. Ter dados sobre a saúde dos profissionais é sem dúvida uma forma de proteção dos pontos de conexão da rede, o que garante a continuidade dos negócios.

Obviamente, há um preço a ser pago: muitos dos membros da NBA deixaram de ver seus familiares durante a competição, afastando-se fisicamente de suas redes pessoais e mantendo somente suas conexões profissionais. No entanto, essas redes monitoradas tornaram-se uma realidade durante a pandemia. Elas permitiram a reorganização da estrutura para que ela se mantivesse em funcionamento, mas gerou distância social entre outros pontos de contato. O impacto disso na sociedade e nos negócios já é observável: a mudança foi inevitável.

---

[65] HAISLOP, Tadd. "NBA bubble, explained: A complete guide to the rules, teams, schedule & more for Orlando games". *Sporting News*. 26 de agosto de 2020. Disponível em: <https://www.sportingnews.com/us/nba/news/nba-bubble-rules-teams-schedule-orlando/zhap66a9hcwq1khmcex3ggabo>. Acesso em 17 de maio de 2021.

Antivírus ativado

Quando você liga seu computador, caso possua um sistema de segurança, surge um alerta na sua tela com o status de "antivírus ativado". Em alguns casos, o antivírus está vencido e o *software* solicita um *upgrade* de versão para que ele possa manter aquele equipamento protegido contra a invasão de uma nova ameaça que se espalha pela rede. Isso deixará de ser uma exclusividade dos computadores e passará a ser algo presente em nossas vidas também em relação às ameaças biológicas. Será comum a solicitação de um registro de confirmação de que nosso antivírus biológico esteja ativado — como no caso de uma vacina ou de imunidade — e atualizado com a última versão disponível.

Os aeroportos de alguns países já estão utilizando regras específicas para o controle de viajantes, solicitando registros que comprovem que as pessoas não sejam portadoras do vírus da covid-19. Caso elas estejam infectadas, boa parte desses protocolos sugere encaminhá-las para uma quarentena. Isso já acontecia em alguns países que tinham regras específicas para liberar o acesso ao território: é o caso do Panamá, que exige certificado de vacinação contra febre amarela como medida de defesa da saúde pública. Com a velocidade de mutação dos atuais vírus, e o potencial crescimento de doenças biológicas transmissíveis, esse tipo de controle antivírus será uma condição para a movimentação de viajantes.

Esse tipo de controle não ficará limitado aos viajantes. Também veremos essas abordagens em escolas, empresas e até regiões específicas. Sistemas de monitoramento de saúde manterão registros atualizados do estado de saúde e possível propagação de algum tipo de vírus biológico utilizando de métodos de proteção sistemática para bloqueio de riscos à saúde pública.

Agrupamentos sociais

As rotinas de proteção da humanidade contra ameaças biológicas também vão aumentar a distância entre certos grupos sociais. O agrupamento sistemático, baseado em parâmetros previamente estabelecidos, é um tipo de mecanismo segregador, já que determinados grupos não possuirão acesso à tecnologia necessária para participar desse tipo de medida ou mesmo a um sistema de saúde adequado. A rede protegida de alguns dificultará o acesso para grupos em desvantagem social e econômica. O cenário social previsto é preocupante: haverá exclusão por qualificação de proteção biológica, algo que certamente impactará negativamente a formação das próximas gerações.

Os agrupamentos sociais acontecerão de forma sistêmica, baseando-se em dados e categorizando os indivíduos por grupos de risco. Já tivemos uma prévia disso durante a pandemia: grupos de pessoas e áreas foram categorizadas de acordo com o nível de ameaça, o que prejudicou fortemente as conexões entre essas redes, além de ter alimentado preconceitos de todos os tipos. Por exemplo, economias locais foram fortemente impactadas em razão de bloqueios de atividades comerciais em determinadas regiões, mas o impacto disso obviamente estende-se para todas as conexões de cada rede. Escolas infantis fechadas podem significar a permanência de pais e mães em casa, que, não podendo se deslocar até seus trabalhos, afetam o funcionamento e o lucro de comércios locais. O efeito se espalha até impactar todo o ecossistema, modificando completamente os agrupamentos sociais em torno das rotinas preestabelecidas de relacionamento.

Os agrupamentos sociais que conhecemos atualmente irão se modificar drasticamente, sendo fortemente orientados por dados e tecnologia da informação. Possuir informação atualizada para tomar decisões é algo muito poderoso. Assim como protege a vida de um possível contágio de uma ameaça biológica, também pode criar uma rede fechada e com relações sociais controladas, o que abre espaço para diversos equívocos e preconceitos.

A próxima geração

Não há dúvida alguma de que a próxima geração precisará ser mais analítica. Explico: o fato de a tecnologia da informação ter se espalhado por todos os lugares e hoje estar presente nas mãos da maior parte das pessoas, por meio de smartphones, não significa necessariamente que habilidades analíticas tenham acompanhado a expansão do acesso à informação. Existe mais tecnologia acessível e informação à disposição, mas o uso que se está fazendo dessas coisas ainda é inadequado. Precisamos ensinar às pessoas a habilidade de analisar e tomar decisões com base nos dados e informações disponíveis.

O pensamento analítico é a fusão das escolas do pensamento crítico e do pensamento computacional. Conforme a definição de Robert H. Ennis[66], o pensamento crítico é o processo intelectualmente disciplinado de conceituar, aplicar, analisar, sintetizar e/ou avaliar as informações coletadas ou geradas por observação, experiência, reflexão, raciocínio ou comunicação ativa de forma hábil, como um guia à crença e à ação. Já o pensamento computacional, segundo Jeannette Wing[67], é definido como uma estratégia usada para desenhar

---

[66] DAVIES, M., BARNETT, R. *The Palgrave Handbook of Critical Thinking in Higher Education*. Palgrave Macmillan, 2015.

[67] WING, Jeannette. "Pensamento Computacional — Um conjunto de atitudes e habilidades que todos, não só cientistas da computação, ficaram ansiosos para aprender e usar". *Revista Brasileira de Ensino de Ciência e Tecnologia*, v.9, n.2, 2016. Disponível em: <https://periodicos.utfpr.edu.br/rbect/article/view/4711>. Acesso em 17 de junho de 2021.

soluções e solucionar problemas de maneira eficaz tendo a tecnologia como base do processo. Ao mesclar a visão do pensamento crítico com a tecnologia, criam-se formas de pensar um problema que são analíticas, o que é possível fazer com os recursos tecnológicos que temos atualmente disponíveis.

Figura 22. Visão criada por Ricardo Cappra nos laboratórios do Instituto Cappra para representar a fusão de pensamentos que compõem o Pensamento Analítico.

Atualmente, a cultura dos dados já faz parte da vida dos jovens. Eles acompanham um campeonato esportivo ou de games através de números. A NBA, por exemplo, disponibiliza *dashboards* e detalhes de jogos através de plataformas específicas. No mundo dos games, da mesma forma, sites de estatística dão informações em tempo real sobre a evolução dos participantes e geram *insights* para melhorar a performance individual de cada jogador. Já é possível monitorar muitos aspectos da saúde através de relógios digitais inteligentes que monitoram a quantidade de passos que você dá no dia, lances de escada que subiu, atividades físicas, frequência cardíaca e, mais recentemente, o nível de oxigenação no sangue. Há também aplicativos disponíveis para que as pessoas possam registrar seu status de infecções biológicas. A partir da reunião e cruzamento desses dados, pode-se recomendar a quantidade de água que você deve tomar por dia, possíveis riscos cardíacos ou, com base em geolocalização, risco de transmissão de um vírus biológico em um determinado local.

As redes de relacionamentos já são em boa parte administradas através desses mesmos sistemas, sejam eles aplicativos em grupos privados de conversas ou plataformas para interação entre redes sociais. Mas a análise dessas relações nunca havia sido atrelada às características biológicas ou parâmetro de saúde dos indivíduos. Num cenário de pandemia, veremos cada vez mais recursos desse tipo sendo aplicados: teremos inevitavelmente sistemas de administração de relações baseados na proteção de redes.

As próximas gerações terão mais dados, mais tecnologia e mais conhecimento para poder aplicar a visão analítica sobre um determinado problema, seja ele de que ordem for. Isso estará na mão dos indivíduos e não restrito a silos de análise para posterior repasse das informações. De certa forma, isso já acontece, mesmo que não da maneira adequada, afinal a informação já não está mais restrita a grupos. A democratização do acesso a informações gerada pela internet criou um volume de informação maior do que as pessoas estão preparadas para lidar. Diante desse cenário, é urgente que tornemos possível a adoção e aplicação do pensamento analítico. No mundo que se desenha diante de nós, essa forma de pensar será fundamental: quanto mais bem preparada a sociedade estiver para lidar com esses dados, mais consciência terá na hora de tomar uma decisão usando desses recursos.

A rede da ciência de dados

Durante a pandemia do coronavírus em 2020 surgiram redes de cientistas de dados em todos os cantos do mundo. Essas redes buscavam respostas para o rápido ataque do vírus. Essas iniciativas não foram centralizadas ou coordenadas, mas promovidas por grupos de indivíduos que tinham determinadas habilidades técnicas e que tentaram, usando de suas habilidades, contribuir de alguma forma. Alguns deles se debruçaram para decodificar o RNA do vírus, outros se concentraram nas características de disseminação da doença, alguns ainda buscaram formas de remediar ou proteger as pessoas através da produção de vacinas.

Essas iniciativas vieram de cientistas de universidades, de empresas privadas e de pesquisadores independentes. Esses grupos dedicaram muitas horas de trabalho e esforço na busca de alternativas para remediar uma situação que estava impactando a todos. A força dessas redes de ciência que se formaram foi amplamente utilizada por meios de comunicação ao redor do mundo. Era muito comum ver um cientista em uma bancada de debate explicando as características científicas do fenômeno de surgimento e espalhamento do vírus. Talvez em nenhum outro momento da história a ciência tenha sido tão requisitada a participar do debate público. Afinal, vivemos em uma sociedade hiperconectada, que busca respostas rápidas. Quem mais bem qualificado para dar essas respostas, num cenário de pandemia, senão os cientistas?

De todos os esforços científicos empreendidos ao longo da pandemia, quero aqui dar destaque para o que foi feito na área da ciência de dados.

Com tantos dados à disposição, transformar tudo em informação para ser rapidamente consumida foi um grande desafio. Os dados, de forma geral, não tinham boa qualidade e nem fontes adequadas para serem constantemente atualizados. Dessa forma, o primeiro desafio foi preparar todos os dados para o posterior uso em análises. Universidades criaram consórcios para coletar e armazenar informações — como os números oficiais sobre a evolução do coronavírus no mundo. Um dos mais conhecidos consórcios e o trabalho mais citado nesse contexto foi o desenvolvido na Johns Hopkins, que criou uma central de recursos e dados sobre o coronavírus durante a pandemia (*The Johns Hopkins Coronavirus Resource Center*). Com bases de dados estruturadas, análises exploratórias e *dashboards* com atualização constante das informações, tornou-se uma das fontes oficiais sobre a evolução do vírus no mundo. Além disso, esses dados foram disponibilizados nos mais diversos formatos para que outros cientistas de dados pudessem utilizá-los em análises variadas, criando assim um ecossistema de informação sobre a pandemia.

No Instituto Cappra, investigamos muitos desses dados e observamos as muitas descobertas que estavam ocorrendo, além, obviamente, de fazermos nossas próprias análises. Criamos um laboratório aberto, onde publicamos tudo que estávamos pesquisando sobre o tema com o objetivo de contribuir, usando a ciência de dados, com a produção de informação mais qualificada sobre o tema. Em razão disso, fomos acionados por alguns líderes de governos e empresas, que precisavam tomar decisões para proteger as pessoas ou seus negócios.

Mas a ciência esbarra em algumas limitações. Cientistas investigam, analisam, criam e recomendam soluções, mas geralmente dependem de adoção em massa para que tais medidas efetivamente tenham impacto. A quantidade de informação produzida em artigos acadêmicos durante a pandemia é algo sem precedentes na história. Publicações que antes levavam meses para serem elaboradas foram disponibilizadas em poucos dias. Laboratórios de dados com visões únicas sobre a evolução do vírus surgiram em todos os cantos do mundo, mas o quanto dessa informação gerada por meio do trabalho de cientistas foi efetivamente utilizada nas tomadas de decisão é difícil dizer. No meio de uma crise, os elementos emocionais e os vieses influenciam diretamente em nossas escolhas. Assim, em muitos casos, dados foram utilizados apenas para respaldar ações já postas em prática e não como mecanismos de apoio a decisões. A limitação da ciência é que precisa haver uma predisposição dos indivíduos para usá-la efetivamente como apoio, caso contrário corremos o risco de acabar com um amontoado de análises ou ferramentas em mãos, mas sem necessariamente saber como aplicá-las da melhor forma.

O medo de um vírus mortal reduziu a distância da sociedade de redes antes restritas aos cientistas. Todos interagiram sobre os temas relacionados ao coronavírus de forma aberta, com a adaptação da linguagem técnica do lado dos cientistas sendo motivada por um interesse genuíno das pessoas em querer saber mais. Esse certamente é um momento importante para a evolução da nossa forma de lidar com a ciência: as barreiras entre teorização e aplicação foram reduzidas, a tomada de decisão com base em evidências tornou-se um mantra de líderes globais.

Assim como a humanidade passou por uma grande transformação nas ciências da saúde em razão de outras epidemias, na de 2020 ocorreu um amplo esforço no sentido de democratizar o acesso à informação utilizando a ciência de dados. Consequentemente, isso deverá repercutir no desenvolvimento das próximas gerações: abrem-se agora os caminhos para que o pensamento analítico comece a influenciar ainda mais o comportamento das pessoas.

O próximo vírus

O coronavírus atestou a fragilidade da vida humana perante uma ameaça biológica, o que acendeu os sinais de alerta. Uma atuação tardia na proteção de vidas obviamente não é tão efetiva quanto a prevenção a potenciais ameaças. Um antivírus previamente ativo é a resposta mais efetiva, mas para isso é necessário a identificação do tipo de vírus para a criação de defesas para o organismo humano. Cientistas, biólogos e virologistas já buscam os sinais de surgimento desse próximo grande vírus e os sinais apontam para uma inevitável nova pandemia já nos próximos anos: a degradação ambiental irá expor os seres humanos a agentes naturais desconhecidos, elevando assim o risco de um novo surto de doença oriundo de microrganismos como vírus ou bactérias.

Michael Osterholm e Mark Olshaker, em *Inimigo mortal: nossa guerra contra os germes assassinos*[68], argumentam que em países em desenvolvimento, onde os habitats naturais de vírus são invadidos pelos seres humanos, existe exposição direta aos animais hospedeiros que carregam essas ameaças. Com uma cadeia de suprimentos globalmente integrada, é só uma questão de tempo para um microrganismo se proliferar rapidamente. A chance de a ameaça surgir em locais com alta taxa de ocupação e higiene precária é maior, mas a proliferação do vírus não respeitará as diferenças sociais e se espalhará rapidamente pelo mundo todo, assim como ocorreu com o coronavírus.

---

[68] OSTERHOLM, Michael T. *Inimigo Mortal: Nossa Guerra Contra os Germes Assassinos*. Intrínseca, 2020.

Um estudo de 2017, publicado na revista *Nature*, identificou as florestas tropicais da África, Sudeste Asiático, Oceania e a Amazônia como eventuais fontes para início de pandemias.[69]

Diante da iminência desse cenário catastrófico combinada à fragilidade da raça humana quando atacada por um vírus, medidas de defesa vindas somente da área de saúde não serão o suficiente. É impossível que cientistas determinem com precisão de onde virá a próxima ameaça, então os indivíduos precisarão conhecer melhor seus próprios ecossistemas para proteger sua vida e a de seus familiares. Esse sistema de defesa precisará ser baseado em informações confiáveis e de fácil acesso.

Informação como mecanismo de defesa

Se não é possível evitar que a próxima pandemia ocorra e nem prever quando tal ameaça atingirá o planeta novamente, é preciso amenizar seus efeitos e o números de mortes nas próximas incidências de vírus com características de transmissão social. É necessário que a população tenha informação de qualidade em mãos para tomar as melhores decisões.

Em *A praça e a torre*, Niall Ferguson constata que quando grupos de indivíduos confrontam os centros de poder usando informação como sistema de defesa, costumam ter vantagem, o que faz com que suas vontades prevaleçam. A informação não deve ser utilizada como mecanismo de controle social ou para criar um cenário de terror, mas para comunicar de forma clara e contínua a evolução da disseminação de um vírus com implicações à saúde. É uma medida útil e que, quando potencializada pela tecnologia, pode ser disponibilizada

---

[69] OLIVAL, Kevin J. *et al.* "Host and viral traits predict zoonotic spillover from mammals". *Nature*, ed. 546, 2017, pp-646-650. Disponível em: <https://www.nature.com/articles/nature22975>. Acesso em 17 de maio de 2021.

a praticamente toda a população mundial em questão de segundos. A sociedade precisa ter essa opção à sua disposição. Restringir o fluxo de informação a poucos grupos é inaceitável: a informação confiável e disponível é um instrumento fundamental para a manutenção da democracia.

Mesmo com tantas variáveis que fogem ao controle, conter um surto pandêmico depende fundamentalmente das decisões que as pessoas tomam. Como foi possível observar durante a pandemia do coronavírus, as redes que estavam mais engajadas e informadas criaram seus próprios mecanismos de defesa para evitar o contágio nos seus grupos. As previsões criadas por especialistas quanto ao número de mortes no mundo em razão do coronavírus falharam porque cada pequeno ajuste que os indivíduos fizeram em suas próprias redes — protegendo pessoas que estavam próximas — modificava o impacto que o vírus teria, reduzindo assim os altos números estimados. As populações ativaram mecanismos para proteção de vidas baseadas nas informações que recebiam todos os dias e na experiência que foram adquirindo durante a evolução do vírus. Não existe sistema mais eficiente de defesa do que aquele que é modelado com informação de qualidade.

O poder do Estado no controle da informação durante a pandemia do coronavírus foi e é algo muito questionado — e com razão. Quando alguém — pessoa ou entidade — tem o controle do fluxo da informação e determina o que chegará na população ou não, a democracia começa a entrar em jogo. Um texto no Memorial do Holocausto nos Estados Unidos diz que em "tempos de guerra, os governos geralmente restringem e censuram o acesso público a informações de forma a impedir que dados importantes vazem para o inimigo ou para isolar a população doméstica de informações que possam enfraquecer a moral popular". Durante a invasão da Polônia, em 1º de setembro de 1939, o regime nazista implementou medidas para impedir que a população tivesse acesso a informações vindas do exterior. Durante a pandemia do coronavírus, diversos países negaram-se a passar informações sobre a evolução da doença em seus territórios ou ainda deixaram de comunicar para a população de forma ativa os números atualizados. Os resultados dessas ações em ambos os casos são conhecidos e previsíveis: traumas na memória coletiva dos grupos geracionais que testemunharam esses acontecimentos.

Não sabemos quando será a próxima pandemia, mas já sabemos que as pessoas precisam depender menos de um poder centralizado para tomar suas decisões. A sociedade utilizará seus próprios sistemas de informação e tomará decisões que protejam ativamente suas próprias redes através de sistemas de antivírus que combatam a ação de vírus biológicos. As empresas de tecnologia já estão criando esses sistemas e disponibilizando-os para a população, deixando em suas mãos a escolha de quando ativar esse mecanismo.

Ferramentas analíticas nas mãos da sociedade

A tecnologia da informação permite hoje o armazenamento e processamento de grandes volumes de dados em pouquíssimos segundos. Com informação produzida em tempo real, em formatos cada vez mais diversos, o *Big Data* tornou-se um importante recurso para todas as áreas. A internet das coisas *(Internet of Things, ou simplesmente IOT)* são aqueles objetos que têm conexão direta com a internet, e isso permite que dados sejam coletados através de sensores espalhados em diversos ambientes: de locais físicos a *chips* em relógios ou em nossos corpos. Já existem recursos para implantação no corpo humano de nanorrobôs que podem coletar informações e enviar os dados para servidores que os processam e já sugerem procedimentos médicos avançados. Mais iniciativas como essas deverão surgir para combater ameaças biológicas, como vírus. Essas tecnologias serão pré-configuradas e ligadas aos nossos corpos para coletar os dados e alertar sobre um ataque.

Atualmente, esses dados são coletados após o ataque do vírus, a partir de sintomas preestabelecidos pela ciência médica, como uma modificação na temperatura corporal. No entanto, podemos monitorar essas informações através de sensores e tecnologia IOT sem a necessidade de esperar o pior. As iniciativas da *Apple* e do *Google* na área de saúde, por exemplo, propõem-se ao monitoramento contínuo, com armazenamento de conhecimento sobre nossos sistemas biológicos, para identificar previamente possíveis variações inesperadas. As últimas versões do *Apple Watch* já conseguem alertar o usuário sobre o desenvolvimento de possíveis casos de problema cardíaco. Veremos sistemas semelhantes a esse em relação a pandemias.

Com mais dados armazenados será possível aprimorar os instrumentos de análise através da ciência de dados, possibilitando o cruzamento de variáveis que antes não estavam à disposição, em tempo real. Trabalhar com análises enquanto o sistema é atacado, e não depois do ataque, gera uma série de possibilidades, como a construção de modelos preditivos que matematicamente podem estimar a velocidade da evolução de um vírus em um corpo humano baseado no aprendizado contínuo que os próprios dados geram. O uso de aprendizado de máquina otimiza as análises, pois a capacidade de processamento torna-se exponencial, permitindo visões sobre problemas anteriormente impossíveis de serem processadas em alta velocidade por humanos. A ciência de dados tem o potencial de classificar, qualificar e organizar toda essa informação, mas é fundamental que os especialistas da área utilizem os dados como um instrumento de apoio.

Os dados ao alcance daqueles que precisam tomar decisões em relação a um determinado problema não significam nada caso esses indivíduos não os utilizem como mecanismo de aprimoramento de performance. A adoção de informação como sistema de defesa depende fundamentalmente da conscientização e da educação das pessoas que formam a linha de enfrentamento ao problema. Virologistas, médicos, biólogos e quaisquer outros profissionais que estejam nessa linha de frente para proteger a vida precisam receber informação qualificada e atualizada o tempo todo. Durante a pandemia, foi possível observar um verdadeiro abismo na comunicação entre Estado e classe médica. As informações sobre o vírus circulavam, mas não chegavam de forma adequada até os profissionais que estavam trabalhando para salvar as vidas da população em hospitais ao redor do mundo. É preciso também eliminar as resistências dos profissionais quanto ao uso de dados, pois muitos deles se baseiam na experiência individual, criando restrições quanto ao uso de novas informações e adoção de práticas mais adequadas. Por outro lado, é necessário que o Estado crie sistemas de informação adequados, que supram as necessidades dos profissionais de saúde em tempo real. Todos perdem com a falta ou com a baixa qualidade da informação, afinal nenhum profissional deveria contar somente com sua experiência prévia quando está enfrentando uma ameaça nova. Isso é inadmissível em um mundo com tanta tecnologia disponível.

Sistemas de recomendação deveriam funcionar ativamente, como sistemas de defesa que aprendem com dados globais e geram sugestões de caminho durante a evolução da propagação do vírus. Os algoritmos deveriam ser aliados do processo diário de tomada de decisão, apresentando cenários do que funcionou ou falhou nos casos atendidos em outras partes do mundo. A recomendação evita os erros que já foram previamente cometidos e dá margem para que a decisão do profissional seja incrementada com sua experiência. Os registros do aprendizado desse profissional deveriam incrementar um banco de dados maior, que permitisse que outros aprendessem enquanto o problema evolui. As empresas de tecnologia têm avançado nesse caminho ao pensar em formas de utilização dos dados coletados que propõem um trato individualizado para cada organismo, usando inteligência artificial para parametrização do impacto de um vírus no organismo, rastreando sinais relevantes e gerando informação de prevenção ou de tratamento.

Em última medida, a evolução desse cenário indica que em breve um conjunto de tecnologias e o intelecto humano trabalharão juntos. Usaremos o poder de processamento das máquinas para resolver problemas não mais de forma instintiva, baseados somente em experiências individuais ou em evidências científicas isoladas. Antes dessas mudanças serem implementadas, porém, necessitamos de uma sociedade mais madura em relação ao pensamento analítico: precisamos desenvolver a observação crítica com o apoio dos recursos computacionais para assim analisar as redes. É mais fácil aceitar os benefícios de um tipo de pensamento quando compreendemos como ele funciona.

Posfácio

A rede antifrágil

Uma rede frágil é uma fonte de aprendizagem.

Nassim Nicholas Taleb explica o conceito de *antifrágil* no livro que leva esse mesmo título. No passado, o ser humano não tinha tecnologia suficiente para eliminar todos os estressores e promover a adaptação do sistema como temos hoje. A ciência não havia evoluído tanto ao ponto de curar doenças e nos manter protegidos de certas ameaças da natureza; dessa forma o ser humano estava mais exposto à desordem e não compreendia exatamente as reações do corpo quando se adaptava para enfrentar certas ameaças biológicas. O organismo humano é algo que precisa do caos para se reorganizar e se proteger: ele se *adapta* para sobreviver a partir dos aprendizados que armazena cada vez que o sistema é atacado.

O corpo não é frágil, ele se defende o tempo todo de ataques de organismos externos. Isso o torna mais forte e melhor a cada adversidade que enfrenta: o corpo aprende e se adapta. A evolução da humanidade é influenciada pela sequência de estressores que constantemente atacam nossos corpos, o que ocorre de forma imperceptível na maioria das vezes. O corpo coleta dados sobre tudo que está acontecendo, o sistema de defesa aprende e se reorganiza na tentativa de combater a ameaça e garantir a sua própria sobrevivência.

Para que um sistema seja antifrágil, a maioria de suas partes precisam ser frágeis. O sistema passa a maior parte do tempo se defendendo, aprende com suas eventuais falhas e com isso incrementa sua base de conhecimento. A partir desses dados, o sistema aprende a lidar com diferentes tipos de ameaças e sobrevive graças à reorganização sistêmica da sua forma de funcionamento. Não é possível evitar as incertezas, mas um sistema dinâmico sofre menos com os impactos quando sofre um ataque. O mesmo ocorre com nossas redes. A fragilidade de algumas redes é uma fonte de aprendizagem para o ecossistema, que automaticamente cria mecanismos de defesa para proteger as pessoas ali conectadas. Imagine que a comunicação entre as pessoas de cada grupo conectado determinou as ações de defesa para a rede baseando-se na vivência e aprendizados dos indivíduos ali presentes. A humanidade foi atacada pelo coronavírus e imediatamente adotou procedimentos para proteger a rede, primeiramente os mesmos que foram usados em ocasiões anteriores, como no caso do isolamento social, usado durante a gripe espanhola. Mas não precisamos mais depender exclusivamente dos sistemas naturais e da comunicação entre as redes, que costuma falhar em momentos de caos. Hoje podemos criar um poderoso sistema de proteção, um antivírus para o sistema biológico baseado em tecnologia da informação.

A adaptação de cada rede baseada na aprendizagem do ecossistema é uma medida de proteção fundamental. Redes que tiverem mais informação, classificada de forma organizada e mais acessível, têm a possibilidade de reagirem de forma mais eficiente ao ataque. A tecnologia da informação pode acelerar o processo de armazenamento, acelerar o aprendizado e gerar *insights* sobre as melhores formas de defesa, personalizando a ação conforme as características da rede que está sendo atacada. Um vírus biológico não costuma respeitar classe social, etnia ou localização geográfica, mas aquelas redes que tiverem melhores sistemas de informação terão um comportamento *antifrágil*.

Da próxima vez que enfrentarmos um vírus biológico com características de transmissão social, teremos opções de aplicativos que informam as zonas de risco, que avisam a taxa de transmissão do dia, que apontam as melhores práticas de proteção e que possibilitam uma visão geral das redes que estão mais ou menos protegidas. Isso não é uma visão de futuro, mas um recurso já disponibilizado pelas principais empresas de tecnologia do mundo e que deverá ser adaptado e popularizado assim que surgirem novas ameaças para o funcionamento da sociedade e para a vida da humanidade.

Um sistema de antivírus ativo é uma proteção que só funciona se estiver atualizada, se constantemente receber novos códigos para adaptação a novas realidades. A aprendizagem a partir dos dados coletados e a constante atualização dos sistemas de monitoramento permitirão o aperfeiçoamento do código que cria novas defesas para a rede. Isso torna o armazenamento de conhecimento algo imprescindível. A melhor proteção para as ameaças biológicas é um sistema rápido, atualizado e que informe a rede continuamente sobre a evolução da ameaça. Fazer isso sem tecnologia era uma tarefa impossível. Até agora.

Sobre o Autor

Ricardo Cappra

Ricardo Cappra é pesquisador de cultura analítica e empreendedor da área da tecnologia desde 1998. Fundou, em 2018, o *Cappra Institute for Data Science*, onde lidera um time global e multidisciplinar que investiga o impacto dos dados e da tecnologia da informação na vida das pessoas e das organizações. Nos últimos anos, Cappra vem se dedicando à criação de métodos para acelerar a adoção de práticas analíticas, ajudando na criação de laboratórios de dados para os mais diferentes fins. Os métodos desenvolvidos em seus laboratórios são utilizados por algumas das principais organizações ao redor do mundo.